Creation and co-writing: Yuval Noah Harari
Adaptation and co-writing: David Vandermeulen
Adaptation and illustration: Daniel Casanave
Colors: Claire Champion

Editor (Albin Michel): Martin Zeller

Sapienship Storytelling:
Sponsorship and management: Itzik Yahav
Management and editing: Naama Avital
Editing and coordination: Naama Wartenburg
Master text translation: Adriana Hunter
Diversity consulting: Slava Greenberg

www.sapienship.co

Sapiens: A Graphic History, The Birth of Humankind (Vol. 1)
Copyright © 2020 by Yuval Noah Harari

Korean translation copyright © 2020 by Gimm-Young Publishers, Inc.
All rights reserved.

A graphic novel adaptation developed in partnership with Editions Albin Michel.

This Korean edition was published by arrangement with Yuval Noah Harari.

이 책의 한국어판 저작권은 저작권자와의 독점 계약으로 김영사에 있습니다.
저작권법에 의해 한국 내에서 보호를 받는 저작물이므로 무단전재와 무단복제를 금합니다.

사피엔스
: 그래픽 히스토리

Vol.1
인류의 탄생

Sapiens
: A Graphic History

유발 하라리
다비드 반데르묄렝 각색 | 다니엘 카사나브 그림 | 김명주 옮김

Yuval Noah Harari

김영사

멸종하고 사라지고 잊힌 것들에게.

하나로 모인 모든 것은 흩어지기 마련이다.

_ 유발 하라리

차례

역사 연대표	6
사바나의 반역자	8
허구의 대가들	57
섹스, 거짓말, 그리고 동굴벽화	116
대륙 간 연쇄살해범	192
감사의 말	246
호모 속의 종들에 관하여	247

역사 연대표

138억 년 전 물질과 에너지가 생김. 물리학의 시작.
      원자와 분자의 생성. 화학의 시작.

45억 년 전 행성 지구의 형성.

38억 년 전 생물의 출현. 생물학의 시작.

600만 년 전 인류와 침팬지의 마지막 공통 조상 할머니.

250만 년 전 아프리카에서 인류가 진화함. 최초의 석기.

200만 년 전 인류가 아프리카에서 유라시아로 확산함.
      다양한 인류 종의 진화.

40만 년 전 유럽과 중동에서 네안데르탈인이 진화함. 불의 일상적 사용.

30만 년 전 아프리카에서 호모 사피엔스가 진화함.

7만 년 전 인지혁명. 허구의 출현.
      역사의 시작. 사피엔스가 아프리카 밖으로 확산함.

5만 년 전 사피엔스가 호주에 정착함. 호주 대형 동물 멸종.

3만 년 전 네안데르탈인의 멸종. 호모 사피엔스가 유일하게 살아남은 인류 종이 됨.

1만 5,000년 전 사피엔스가 아메리카에 정착함. 아메리카 대형 동물 멸종.

1만 2,000년 전	농업혁명. 동식물을 길들임. 영구적 정착.
5,000년 전	최초의 왕국, 문자, 돈, 다신교.
4,250년 전	최초의 제국(사르곤 대왕의 아카드 제국).
2,500년 전	주화의 발명 — 보편적인 돈. 페르시아 제국 — 보편적인 정치 질서. 인도의 불교 — 보편적인 가르침.
2,000년 전	중국의 한 제국. 지중해의 로마 제국. 기독교.
1,400년 전	이슬람교.
500년 전	과학혁명. 인류가 자신의 무지를 인정하고 전례 없는 힘을 획득하기 시작함. 유럽인들이 아메리카와 바다를 정복하기 시작함. 지구 전체가 하나의 역사적 무대가 됨. 자본주의의 부상.
200년 전	산업혁명. 가족과 지역사회가 국가와 시장으로 대체됨. 동식물의 대량 멸종.
현재	인류가 지구라는 행성의 경계를 뛰어넘음. 핵무기가 인류의 생존을 위협함. 생물이 점점 자연선택보다 지적 설계의 영향을 받기 시작함.
미래	지적 설계가 생명의 기본 원리가 될까? 비유기적 생명 형태가 출현할까? 인간은 신이 될까?

사바나의 반역자

재들은 함께 짝짓기하고, 재들이 낳은 강아지는 자라서 다른 개와 짝을 맺어 다시 새끼를 낳을 거예요.

공통 조상에서 진화한 가까운 친척 종들을 '속(屬)'이라는 이름 아래 함께 묶어요.

사자 · 호랑이 · 표범속 · 표범 · 재규어

우리 생물학자들은 생물에 두 부분으로 된 라틴어 이름을 붙인답니다. 속명을 앞에, 종명을 뒤에 쓰죠. 예컨대 사자는 '판테라 레오'라고 불러요. 판테라속의 레오종이란 뜻이죠.

판테라 레오

이 계단강의실에 있는 모든 사람은 호모 사피엔스예요. 호모는 속명으로 '사람'이라는 뜻이고, 사피엔스는 종명으로 '슬기로운'이라는 뜻이죠.

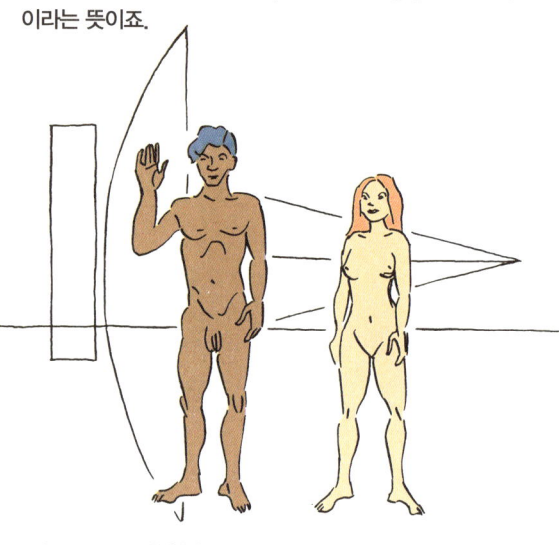

오늘날 이 세계에는 생김새가 매우 다른 사람들이 살고 있어요. 누구는 피부가 검고 누구는 희죠. 누구는 머리카락이 곧고 누구는 곱슬이에요. 키가 큰 사람도 있고 작은 사람도 있죠.

하지만 사람들은 지구 어디에 살든 성관계를 해서 생식 능력이 있는 자식을 낳을 수 있어요.

따라서 그들은 모두 같은 '종'이에요.

프랑스인 또는 독일인, 기독교도 또는 이슬람교도, 흑인 또는 백인 같은 매우 중요해 보이는 구별은 사실 문화의 최신 발명품으로, 인간의 진화에 거의 영향을 미치지 않는 것들이죠.

5만 년 전에는 프랑스인과 독일인도 없었고, 기독교도와 이슬람교도도 없었답니다. 심지어 흑인과 백인도 없었죠!

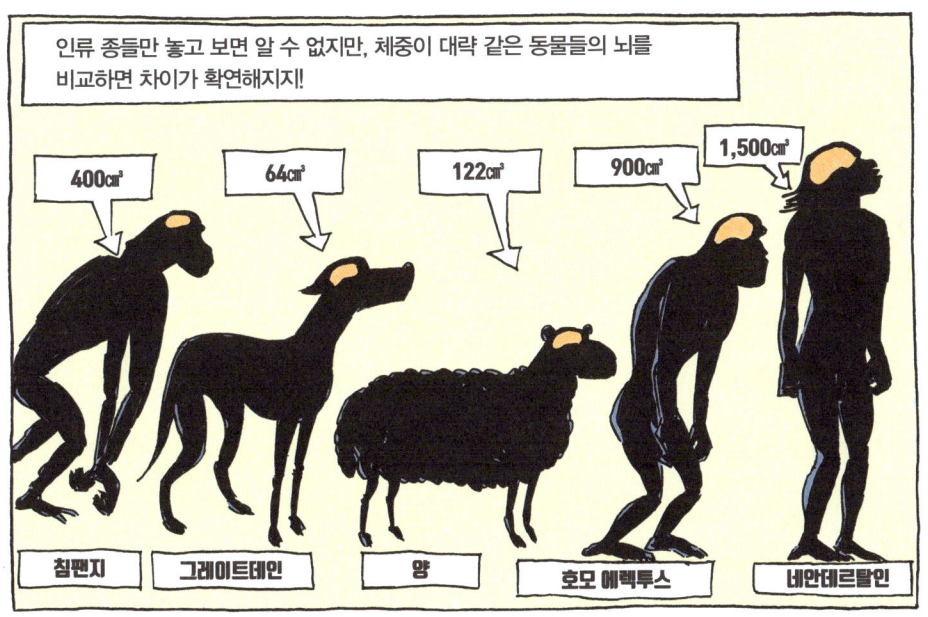

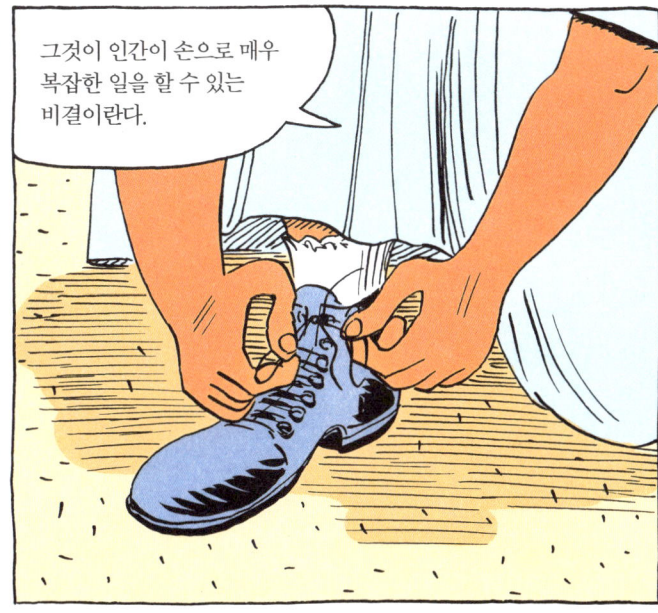

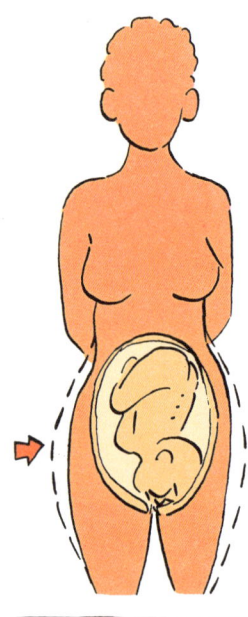

 여성은 더 큰 대가를 치렀어. 직립보행을 하려면 엉덩이가 좁아야 하는데, 그러면서 산도(産道)가 좁아진 거야. 하필 아기의 머리가 커지고 있었던 시점에 말이지.

그래서 출산은 산모에게 죽음을 감수해야 할 만큼 위험한 일이 되었단다. 조금 일찍 출산하는 여성들이 무사히 출산할 가능성이 높았어. 아기의 뇌와 머리가 비교적 작고 유연할 때니까.

그래서 출산을 앞당기는 쪽으로 자연선택이 일어난 거야.

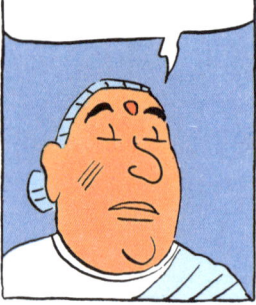 출산은 내가 겪어 본 가장 고통스러운 일이었어. 나는 아이가 셋인데, 출산할 때마다 이런 생각이 들었지. 직립보행과 큰 뇌가 이런 고통을 감수할 만큼 가치가 있을까?

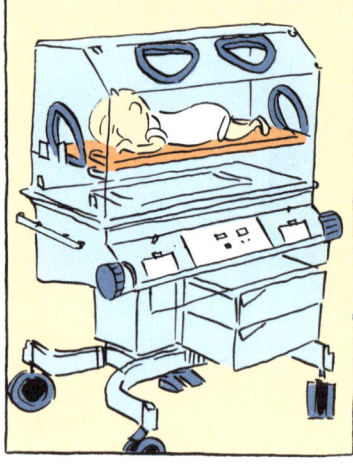 인간은 다른 동물들에 비해 미숙한 상태로 태어난단다.

 송아지는 태어나서 곧장 걸을 수 있지만, 인간 아기는 혼자서는 아무것도 못해. 몇 년 동안 어른들에게 음식과 보호, 교육을 제공받아야 하지.

아이를 키우려면 식구들과 이웃의 도움이 끊임없이 필요했어. 아이 하나를 키우기 위해서는 온 마을이 필요한 법이지. 그래서 강한 사회적 유대를 맺을 수 있는 사람들이 진화에 유리했단다.

역설적으로, 인간 아기의 무력함이 축복이 된 셈이야. 그것 때문에 인간은 사회생활 능력을 개발해야 했으니까.

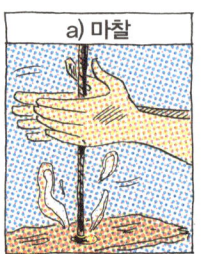
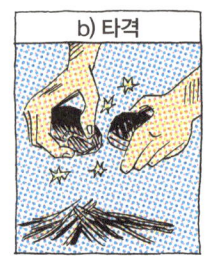

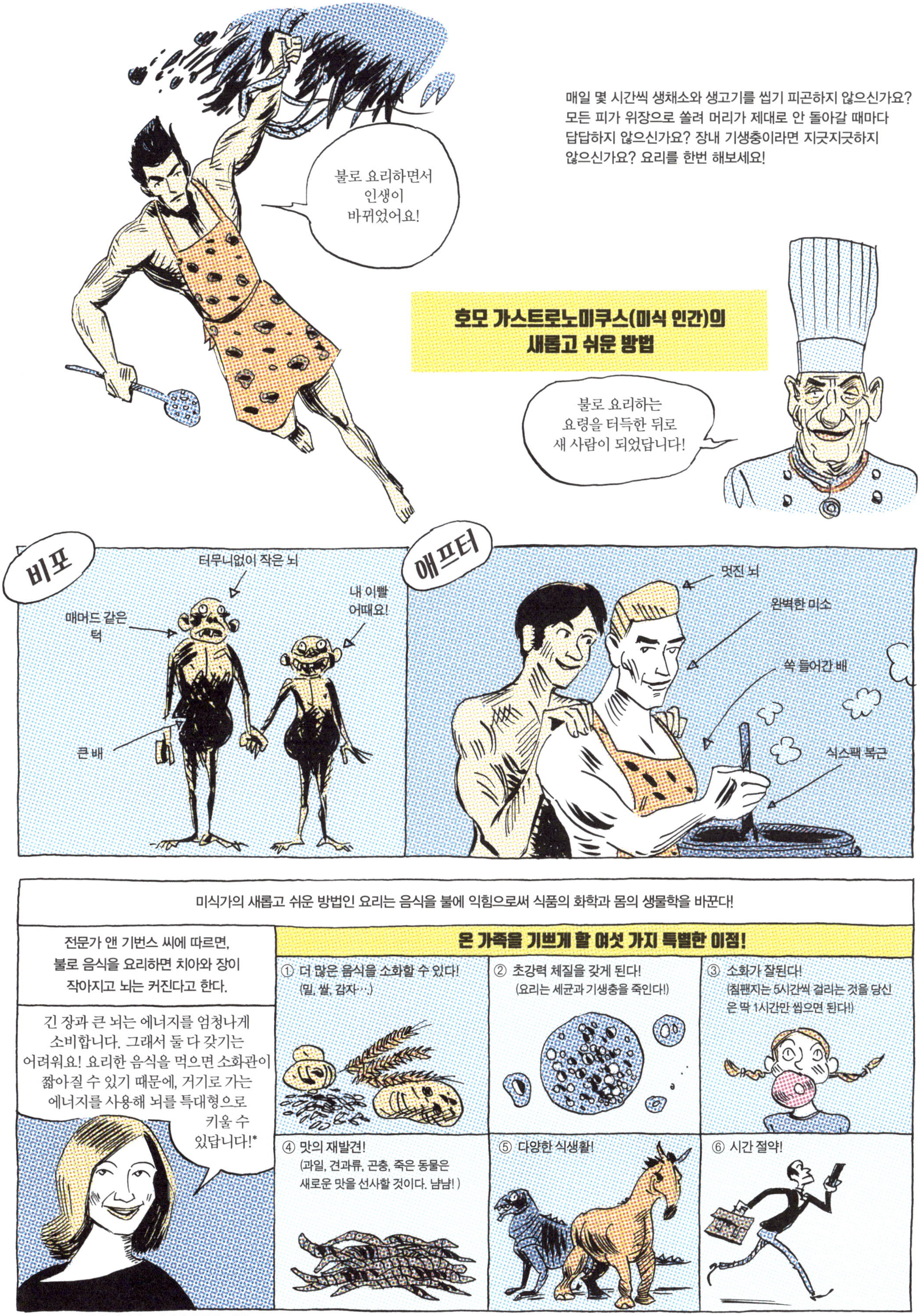

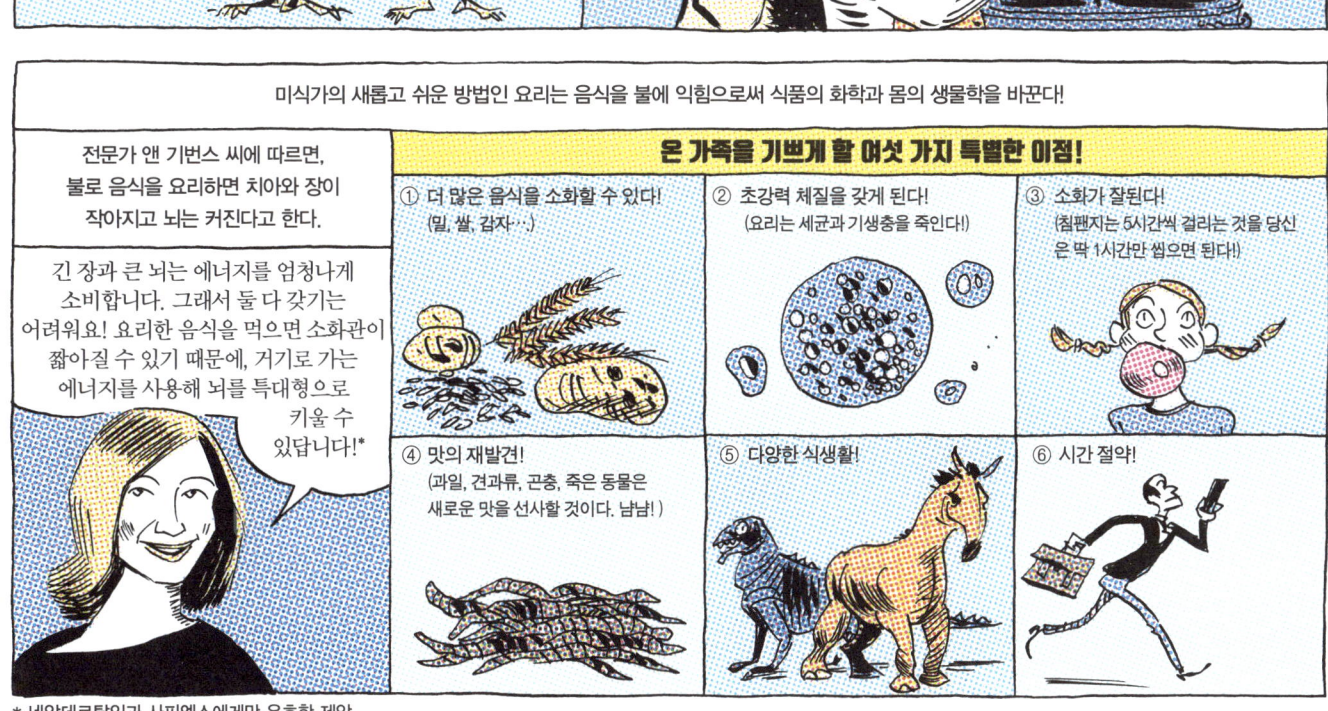

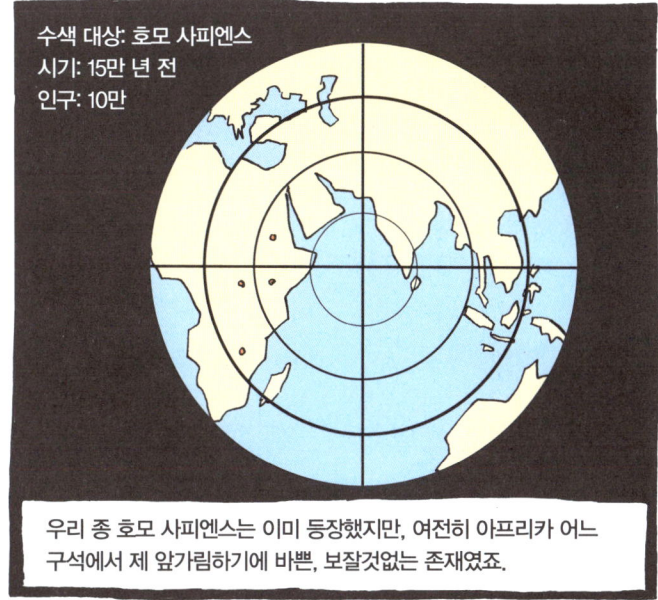

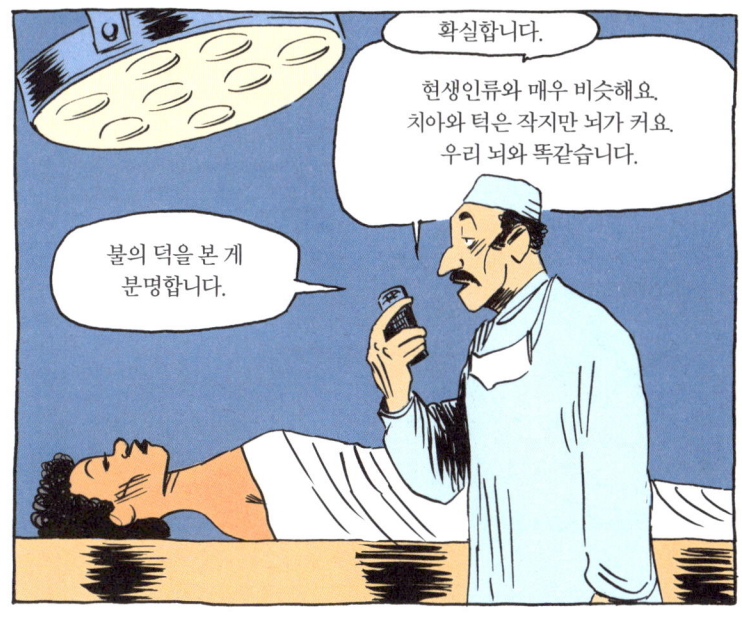
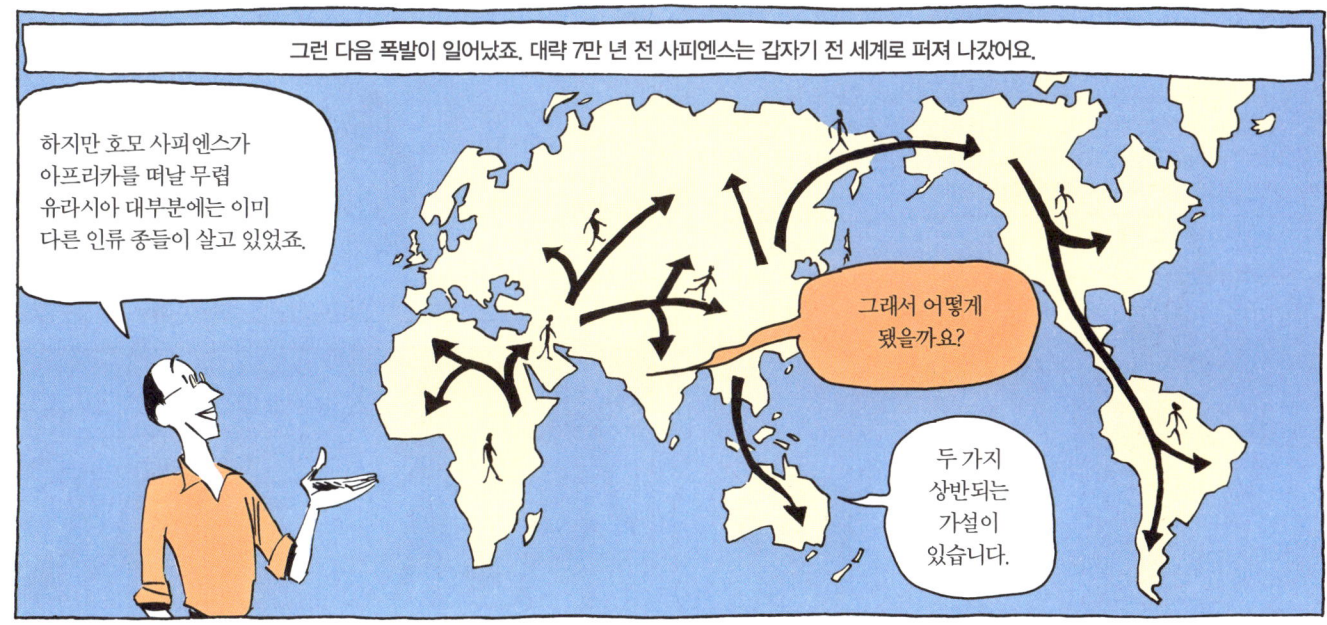

대체설
섞이지 못하고 반감과 집단학살로 치달았다는 끔찍한 이야기

이 가설은 사피엔스가 다른 인류들과 해부학적으로 달랐음을 강조합니다. 짝짓기 습관도 달랐을 가능성이 높고, 심지어 체취도 달랐다고 봐요.

그러니 그들은 서로에게 별로 성적 관심이 없었겠죠.

설령 네안데르탈인 로미오와 사피엔스 줄리엣이 사랑에 빠졌다 해도 그들은 생식 능력이 있는 자식을 낳을 수 없었을 겁니다. 두 집단 사이의 유전적 간극이 이미 좁힐 수 없을 정도로 벌어져 있었을 테니까요.

두 인류는 완전히 남남으로 지냈고, 따라서 네안데르탈인이 멸종하거나 전멸되었을 때 그들의 유전자도 함께 사라졌겠죠.

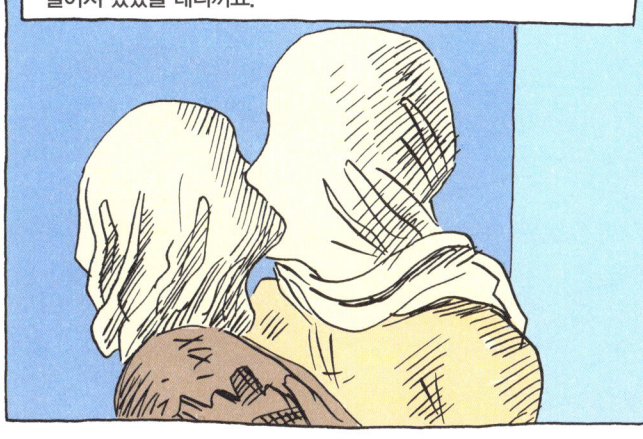

이 가설에 따르면, 사피엔스는 이종교배 없이 이전의 모든 인류 집단을 대체했습니다.

그것이 사실이라면, 모든 현대인의 혈통은 순수하게 7만 년 전 동아프리카에서 유래했습니다. 우린 다 '순혈 사피엔스'라는 얘기죠.

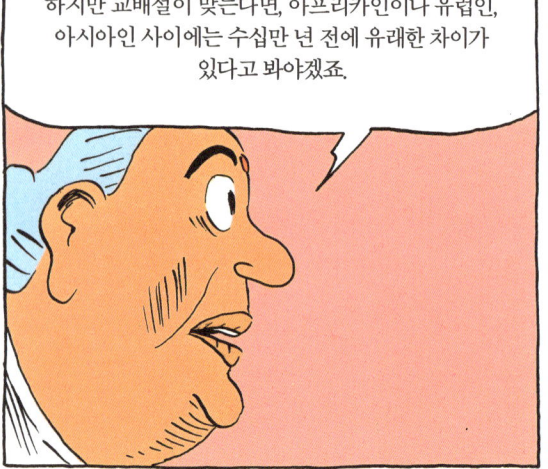

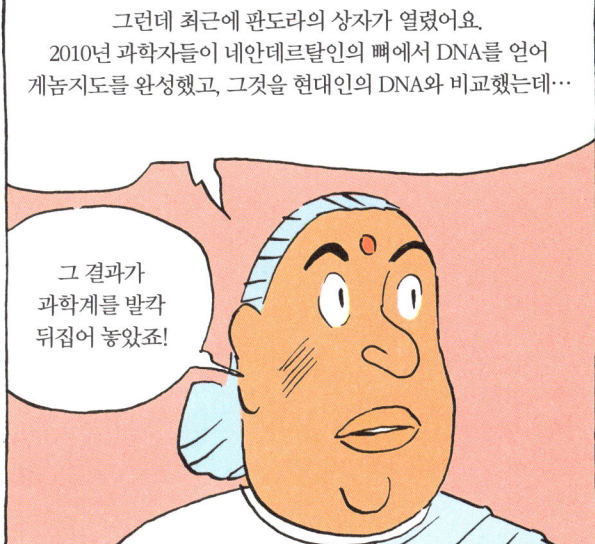
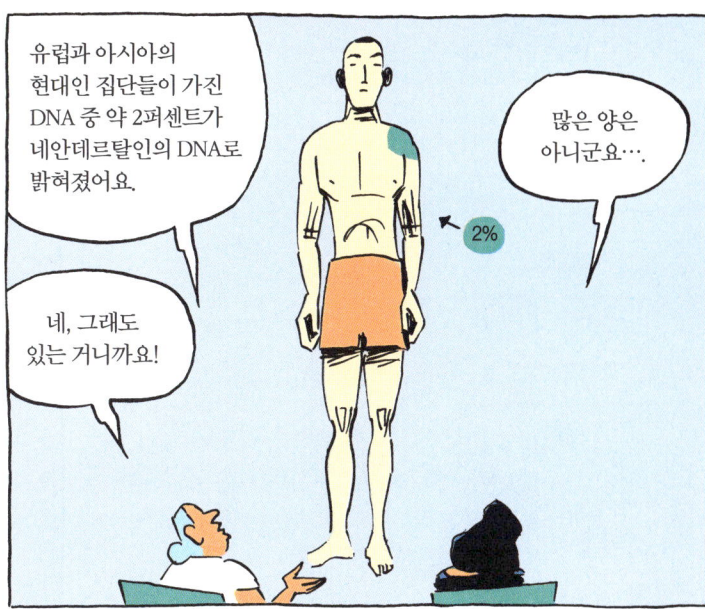
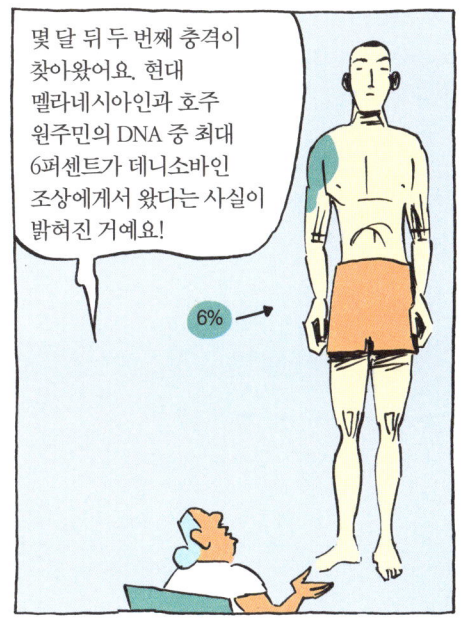

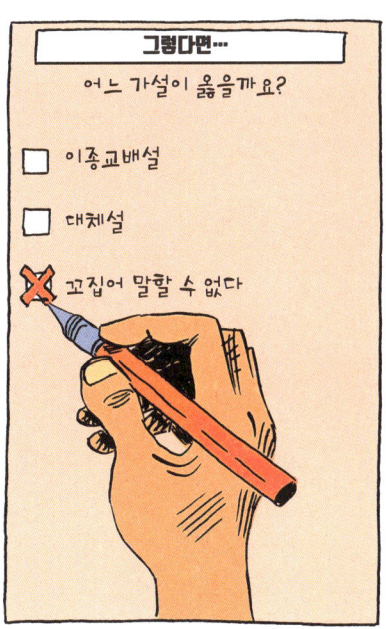

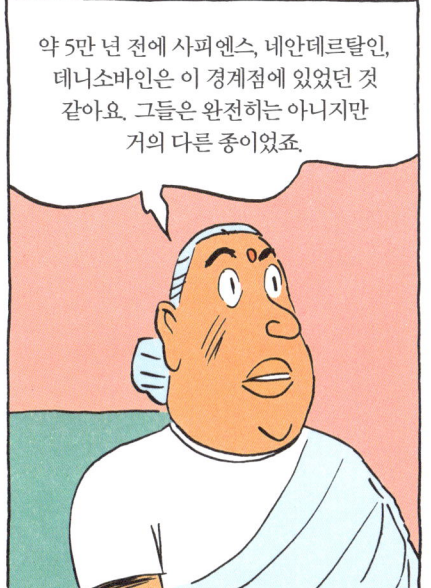

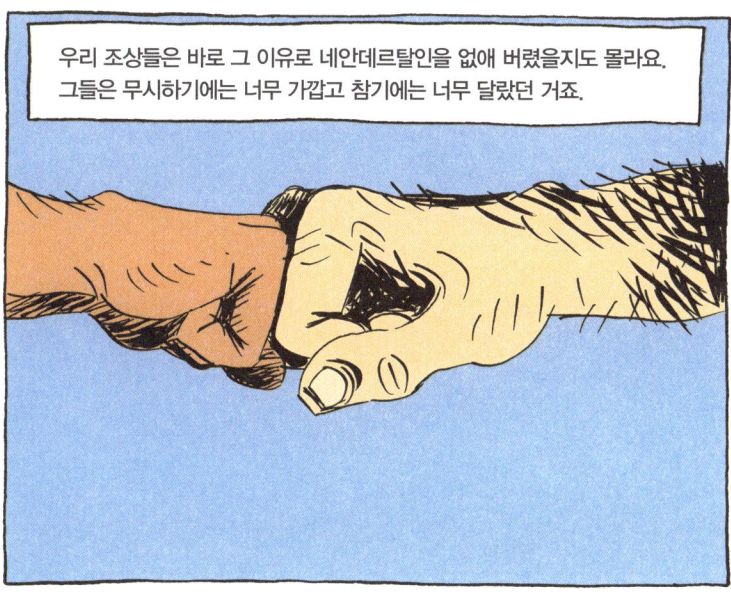

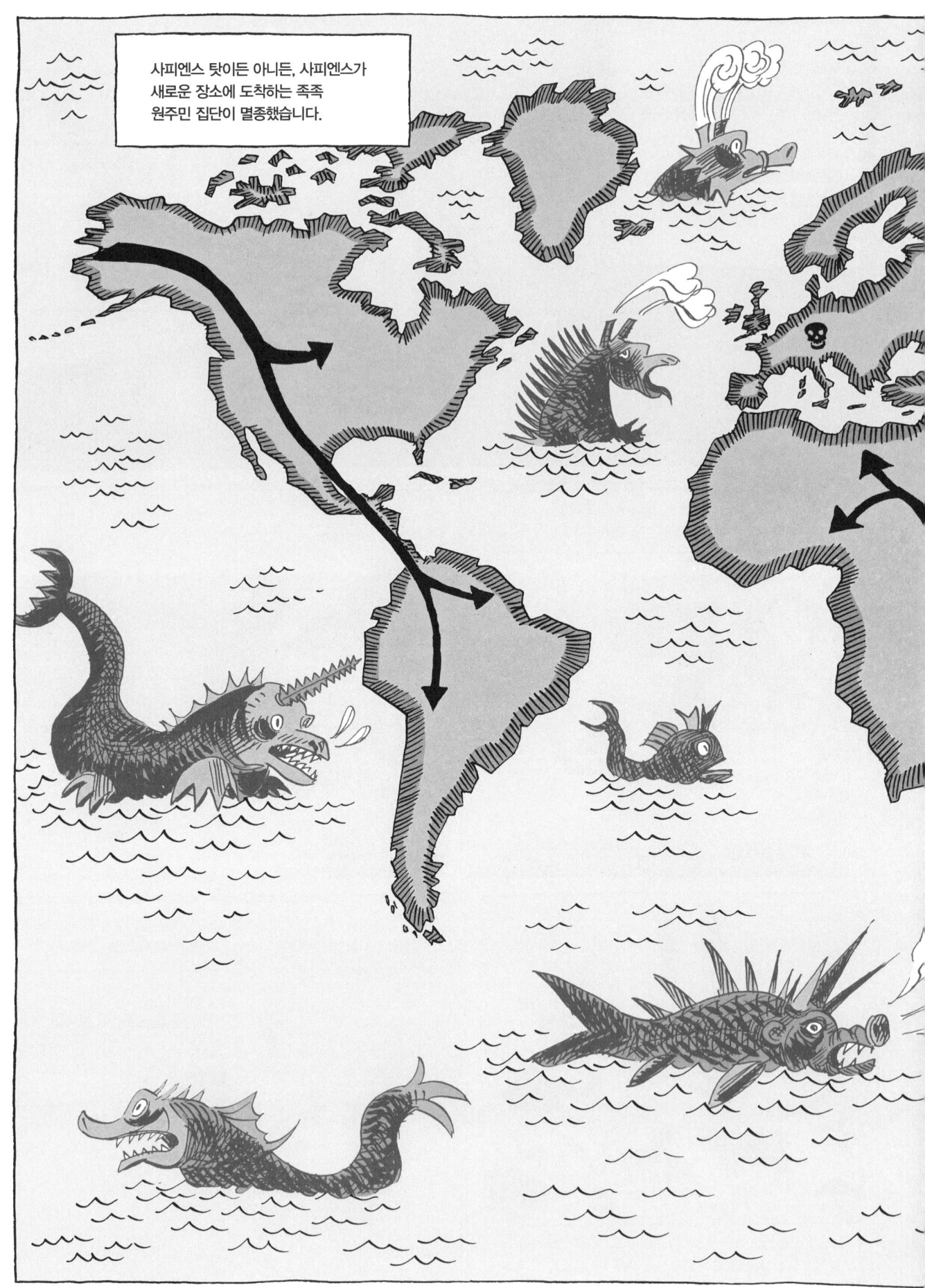

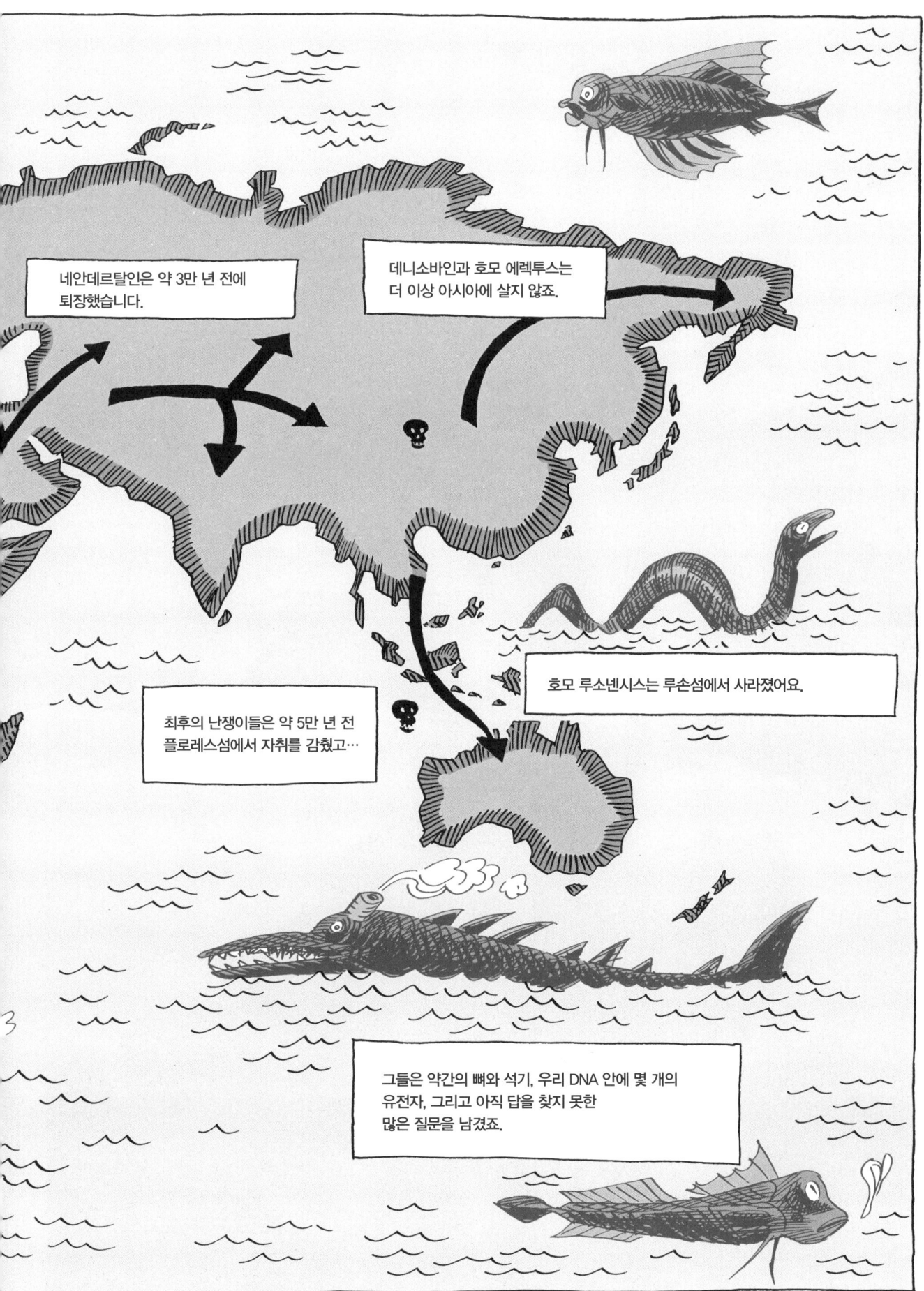

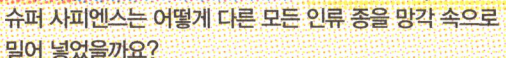

허구의 대가들

우리가 미술품 또는 장신구라고 확실하게 부를 수 있는 최초의 물건들도 이때 등장해. 그리고 종교, 교역, 복잡한 사회질서가 있었다는 분명한 증거도.

'사자인간'의 작은 상아 조각상이 독일 슈타델의 한 동굴에서 발견되었다. 대략 3만 2,000년 전의 것.

7만 년 전에 무슨 일이 일어났기에 사피엔스가 이 모든 일을 하기 시작한 거죠?

대부분의 연구자들은 이 모두가 사피엔스의 인지 능력에 혁명이 일어났기 때문이라고 설명한단다.

맞아! 하지만 그런 곤충들은 가까운 친척하고만 협력해. 유연하지 못하지.

벌들은 벌집에 새로운 위협이나 기회가 생겨도 거기에 맞게 벌집의 사회구조를 바꾸진 못해.

예컨대 그들은 여왕벌을 처형하고 공화국을 세울 수 없지.

늑대와 침팬지는 벌보다 훨씬 유연하게 협력하지만, 소규모로만 가능해.

침팬지들은 잘 아는 가까운 관계일 때만 협력하거든.

낯선 상대와는 협력하지 않아.

우리의 침팬지 사촌들은 대개 몇십 명 규모의 작은 무리를 이루고 삽니다. 그들은 친밀한 우정을 쌓고, 함께 사냥을 하고, 개코원숭이나 치타, 적대적인 침팬지들에 대항해 힘을 합쳐 싸우죠.

침팬지의 사회구조는 위계적입니다. 무리를 지배하는 개체는 거의 대부분 수컷인데, '우두머리 수컷'이라고 불리죠. 나머지 침팬지들은 우두머리 수컷에게 고개를 숙이며 복종합니다.

국민이 왕 앞에 무릎을 꿇는 것과 다르지 않습니다.

우두머리 수컷은 무리 내의 사회적 화합을 유지하려고 노력합니다. 두 개체가 싸우면 개입해 폭력을 중단시키죠.

한편 이기적인 모습도 보입니다. 특별히 귀한 음식을 독점한다든지, 지위가 낮은 수컷들이 암컷과 짝짓기하지 못하게 막기도 합니다.

두 마리 수컷이 우두머리 자리를 놓고 겨룰 때, 그들은 암컷과 수컷을 모두 포함하는 광범위한 지지자 연합을 결성합니다. 그 구성원들은 일상의 친밀한 접촉을 통해 유대를 다집니다. 껴안고, 만지고, 뽀뽀하고, 털을 골라 주고, 호의를 베푸는 행위들이죠.

선거운동하는 정치인들이 돌아다니면서 악수하고 아기에게 뽀뽀하는 것처럼….

침팬지 집단의 우두머리 지위에 도전하는 개체들은 껴안고, 등을 탁 치고, 새끼 침팬지에게 뽀뽀하는 데 많은 시간을 씁니다. 우두머리 수컷이 그 지위를 얻어 내는 것은 힘이 세서가 아니라, 크고 안정된 연합을 이끌기 때문입니다.

일상적인 활동도 이런 연합을 중심으로 돌아갑니다. 한 연합의 구성원들은 더 많은 시간을 함께 보내고, 먹을 것을 공유하고, 서로 돕습니다.

이런 식의 집단은 무한정 커질 수 없습니다. 집단이 제대로 돌아가기 위해서는 그 구성원들 모두가 서로를 친밀하게 알아야만 합니다. 한 번도 만난 적이 없는 두 마리 침팬지는 서로를 신뢰해도 될지, 서로 도울 가치가 있는지, 누가 더 지위가 높은지 알지 못하겠죠.

자연 상태에서 일반적인 침팬지 무리는 20~50마리 정도입니다. 무리가 커지면 사회질서가 불안정해지고, 그래서 결국 일부 개체가 떨어져 나가 새로운 무리를 이루게 됩니다.

동물학자들은 100마리가 넘는 집단을 손에 꼽을 정도밖에는 관찰하지 못했습니다. 각각의 집단은 서로 협력하는 일이 거의 없고, 영역과 먹이를 놓고 경쟁합니다. 집단들 간의 장기전이 보고되기도 했죠. 심지어 한 무리가 이웃 무리에 속한 대부분의 개체를 조직적으로 죽인 '집단학살' 사례도 한 건 있었습니다.

하지만 사피엔스는 이런 장소에서 수천 명씩 정기적으로 모이지. 사피엔스는 많은 수가 모여 무역망, 대규모 기념행사, 정치단체 같은 질서정연한 협력 시스템을 조직할 수 있어.

우리와 침팬지의 진정한 차이는 많은 수의 개인, 가족, 집단을 묶는 불가사의한 접착제에 있단다.
이 접착제가 우리를 이 세계의 주인으로 만들어 주었지.

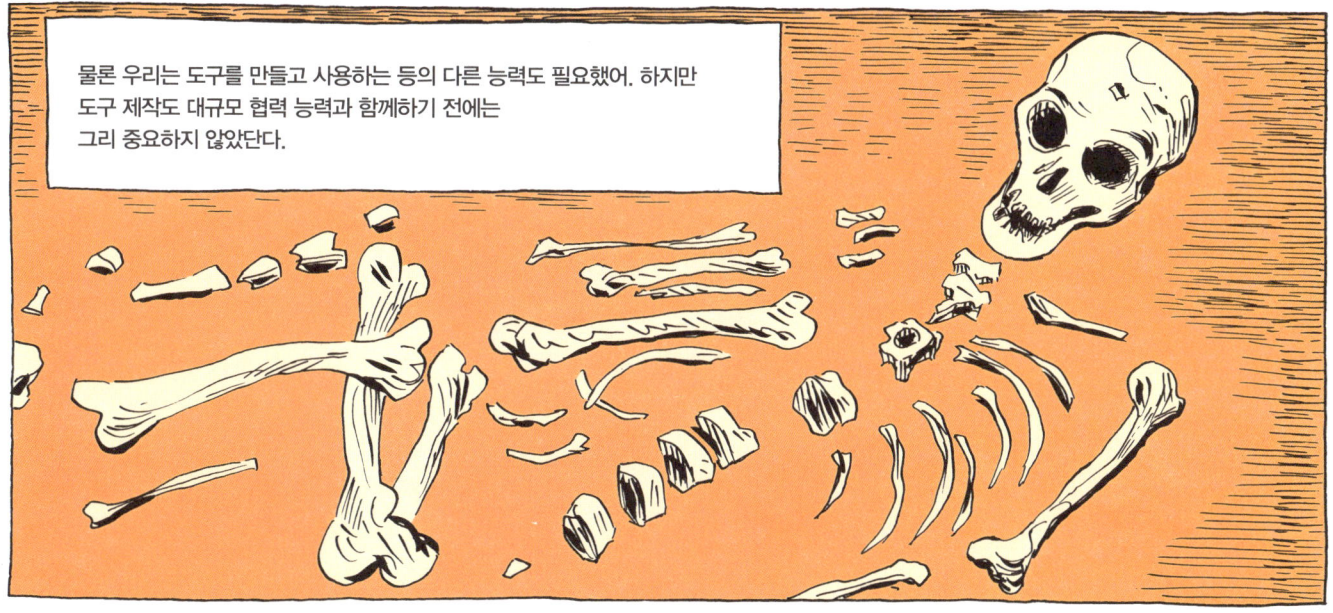

물론 우리는 도구를 만들고 사용하는 등의 다른 능력도 필요했어. 하지만 도구 제작도 대규모 협력 능력과 함께하기 전에는 그리 중요하지 않았단다.

어떻게 오늘날 우리가 이런 것들을 갖게 되었을까?

사탄2 미사일
뉴욕이나 모스크바를 파괴할 수 있음.

3만 년 전 우리가 가진 건 이것뿐이었는데?

돌촉을 장착한 창
얼룩말을 죽일 수 있음.

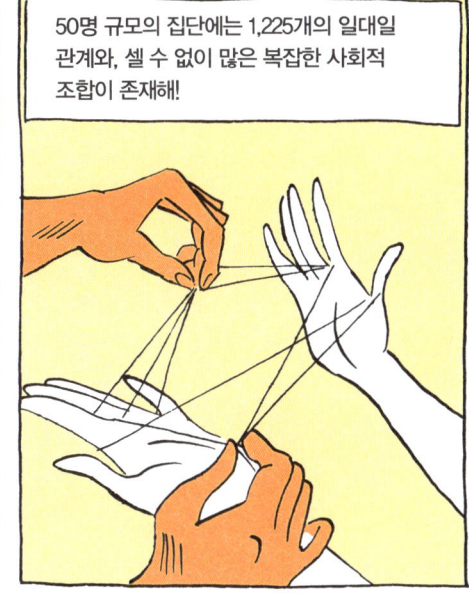

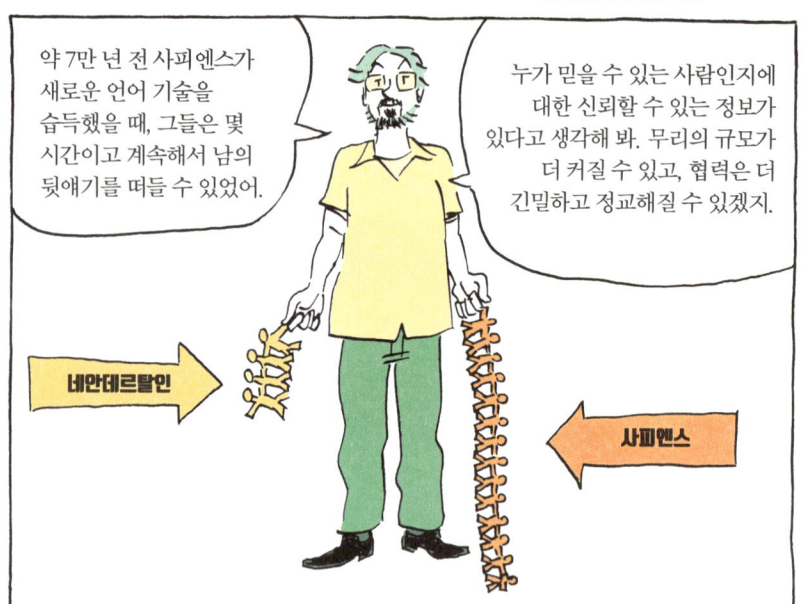

역사학과 교수들이 모여서 점심 먹을 때 과연 1차 세계대전의 원인에 대해 이야기할까?

학회에 참석한 핵물리학자들이 휴식 시간에 쿼크에 대해 이야기할까?

그들이 훨씬 많이 떠드는 이야기는 어떤 교수 남편이 바람피우다 걸렸다더라, 학과장과 학장이 말다툼을 했다더라… 같은 것들이야.

아니면 어떤 동료가 연구비로 렉서스를 샀다는 소문이라든지….

남의 이야기는 주로 잘못한 일에 대한 험담이라서, 사회규범을 강제하고 집단의 결속을 다지는 데 도움이 되지.

(화가 노먼 록웰에게서 영감을 얻음.)

교회는 공통의 종교적 신화에 뿌리를 두고 있어요.

한 번도 만난 적 없는 두 가톨릭 신자가 함께 십자군 원정에 나가기도 하고, 병원을 짓기 위해 공동으로 기금을 모으기도 하는 건, 신이 인간의 몸으로 태어나 우리 죄를 갚기 위해 스스로 십자가에 못 박혔다는 이야기를 함께 믿기 때문이죠.

국가는 공통의 국가 신화에 뿌리를 두고 있어요.

한 번도 만난 적 없는 웨일스 사람과 잉글랜드 사람이 목숨을 걸고 서로를 구할 수 있는 건, 둘 다 영국이라는 국가를 믿기 때문이죠.

사법제도는 공통의 법 신화에 뿌리를 두고 있어요.

한 번도 만난 적 없는 두 변호사가 전혀 모르는 사람을 함께 변호할 수 있는 건, 두 사람이 법과 정의, 인권, 그리고 수임료로 지불될 돈을 믿기 때문이에요.

하지만 이 모두는 사람들이 꾸며 내 서로에게 말한 이야기 속에만 존재하죠.

여기는 케이프 커내버럴, 익스플로러 412호 나와라. 어떻게 됐나? 신, 국가, 또는 인권을 찾았나?

여기는 익스플로러 412호, 현실에는 없다.

정의와 돈은 어떤가?

없다… 하지만 우리는 엄청나게 많은 수소를 발견했다.

사람들은 '원시 부족들'이 가공의 정령을 믿음으로써 사회질서를 굳건히 한다는 개념은 쉽게 이해해요.

우리가 깨닫지 못하는 건 현대 기관들도 정확히 똑같은 방식으로 돌아간다는 사실이에요!

나무를 베지 마시오. 숲의 정령이 진노할 거요.

그럼요, 물론이죠… 하지만 우리도 주식시장의 정령을 진노케 해선 안 돼요. 무슨 말인지 아실 겁니다.

85

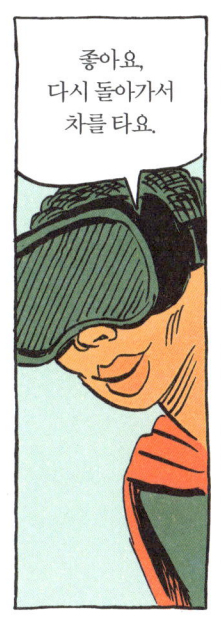

- 효과적인 이야기를 하기란 쉽지 않아요.

- 중요한 건 이야기를 하는 게 아니라 모두가 그 이야기를 믿게 만드는 거예요.

- 역사의 많은 부분이 이 질문을 중심으로 돌아갑니다. 어떻게 수백만 명을 설득해서 신, 국가, 유한책임회사에 대한 이야기를 믿게 만들 것인가?

- 모두가 그 이야기를 믿게 되면, 사피엔스는 엄청난 힘을 갖게 돼요. 서로를 모르는 수백만 명이 공동의 목표를 위해 협력할 수 있기 때문이죠.

- 강, 나무, 사자처럼 실제로 존재하는 것에 대해서만 이야기할 수 있었다면 국가, 교회, 법체계를 세우는 것이 얼마나 어려웠을지 상상해 보세요.

- 사람들은 오랜 시간에 걸쳐 놀랍도록 복잡한 이야기의 그물망을 짜왔답니다. 이 그물망 안에서 푸조 같은 허구는 존재하는 것에 그치지 않고 막대한 힘을 축적해요.

- 학자들은 이런 이야기의 그물망을 통해 창조된 것들을 '허구' '사회적 구성물' '가공의 현실' 이라고 부르죠.

- 가공의 현실은 거짓말이 아니에요.

- 강가에 사자가 없다는 걸 알면서도 사자가 있다고 말하면, 그건 거짓말이죠.

* 조심해, 사자야!

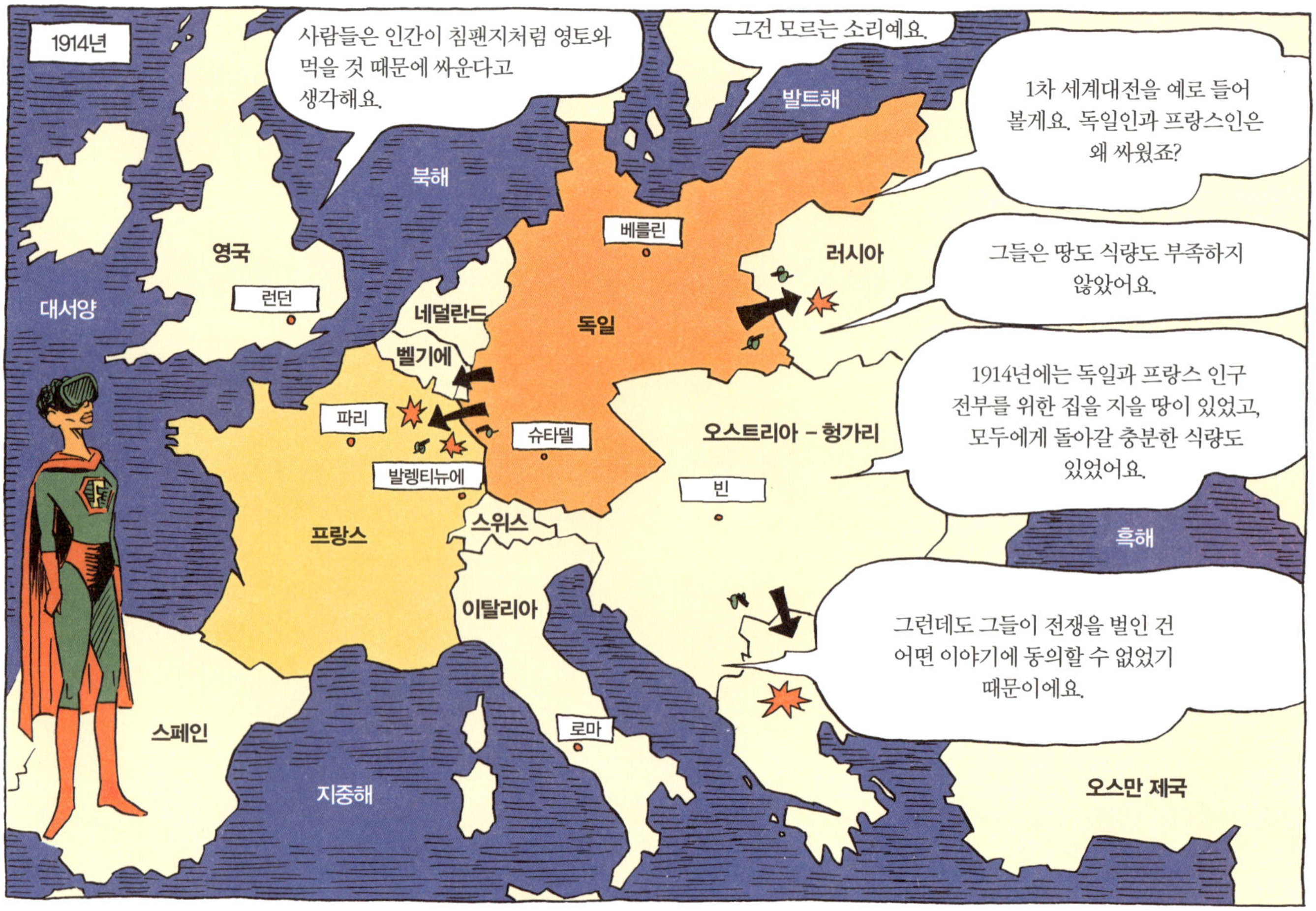
1914년
사람들은 인간이 침팬지처럼 영토와 먹을 것 때문에 싸운다고 생각해요.
그건 모르는 소리예요.
1차 세계대전을 예로 들어 볼게요. 독일인과 프랑스인은 왜 싸웠죠?
그들은 땅도 식량도 부족하지 않았어요.
1914년에는 독일과 프랑스 인구 전부를 위한 집을 지을 땅이 있었고, 모두에게 돌아갈 충분한 식량도 있었어요.
그런데도 그들이 전쟁을 벌인 건 어떤 이야기에 동의할 수 없었기 때문이에요.
북해
발트해
영국
런던
대서양
네덜란드
벨기에
베를린
독일
러시아
파리
슈타델
발렝티뉴에
오스트리아 - 헝가리
빈
프랑스
스위스
흑해
이탈리아
로마
스페인
지중해
오스만 제국

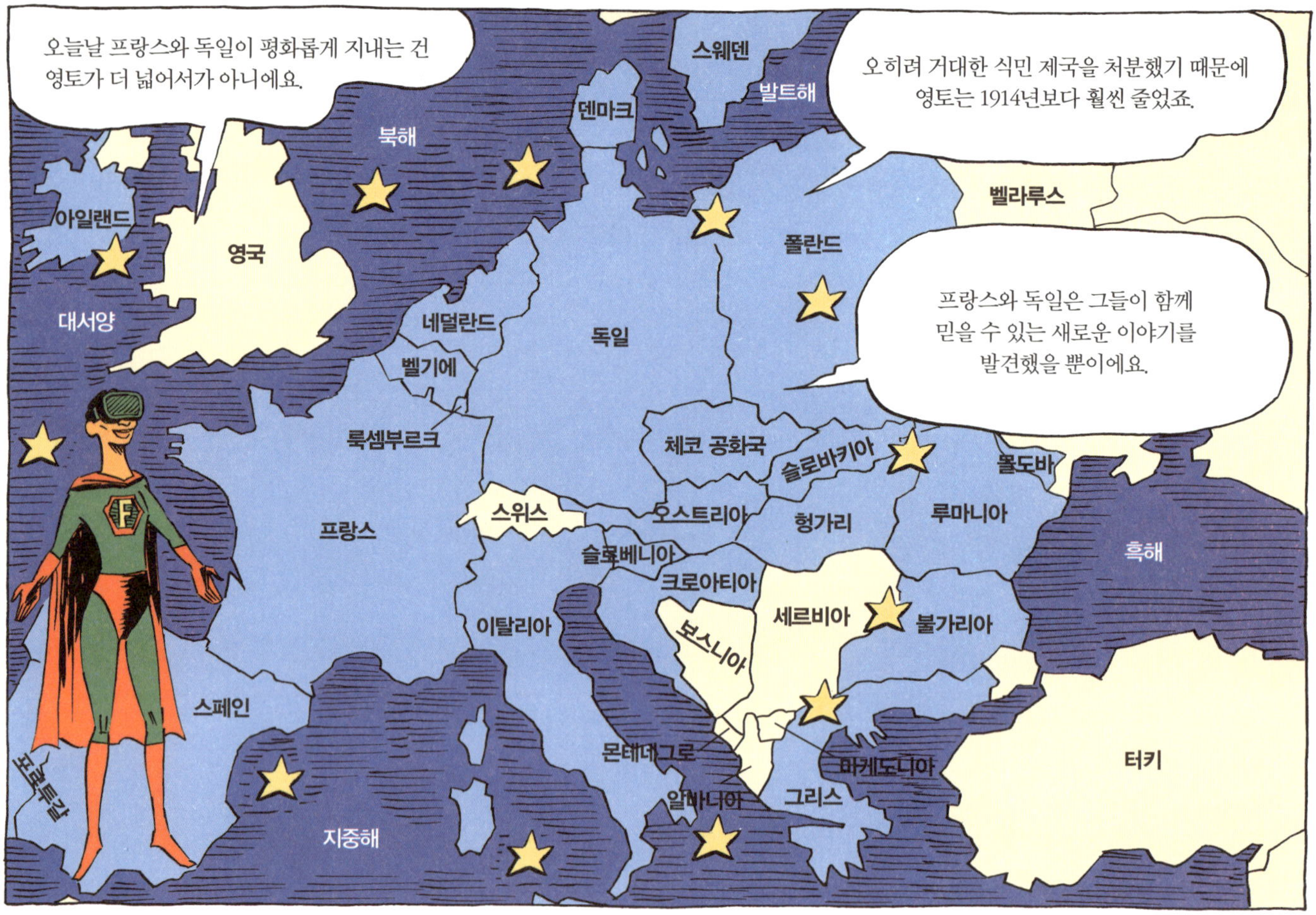
오늘날 프랑스와 독일이 평화롭게 지내는 건 영토가 더 넓어서가 아니에요.
오히려 거대한 식민 제국을 처분했기 때문에 영토는 1914년보다 훨씬 줄었죠.
프랑스와 독일은 그들이 함께 믿을 수 있는 새로운 이야기를 발견했을 뿐이에요.
스웨덴
발트해
덴마크
북해
벨라루스
아일랜드
영국
폴란드
대서양
네덜란드
독일
벨기에
룩셈부르크
체코 공화국
슬로바키아
몰도바
프랑스
스위스
오스트리아
헝가리
루마니아
흑해
슬로베니아
크로아티아
이탈리아
보스니아
세르비아
불가리아
스페인
포르투갈
몬테네그로
마케도니아
터키
알바니아
그리스
지중해

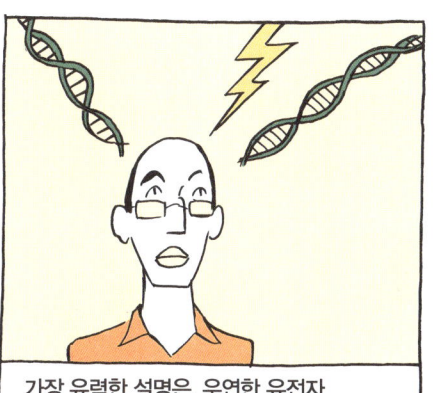

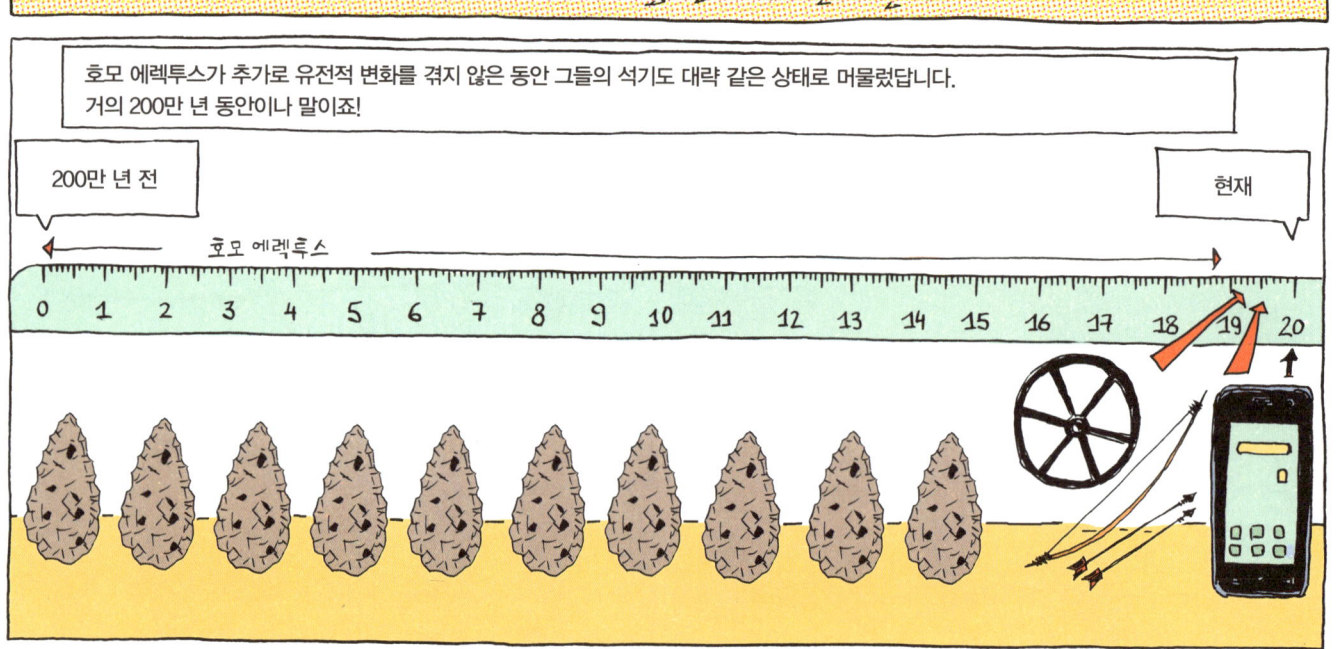

인지혁명 전까지 사피엔스는 그저 동물의 한 종일 뿐이었어요. 그들은 생물학의 영역에 속했고, 우리는 그들을 이해하기 위해 생물학 이론을 사용하죠.

하지만 인지혁명 이후 사피엔스는 수많은 가공의 이야기를 꾸며 냈고… 이상하고 새로운 방식으로 행동하기 시작해, 우리가 '문화'라고 부르는 것을 만들어 갔죠.

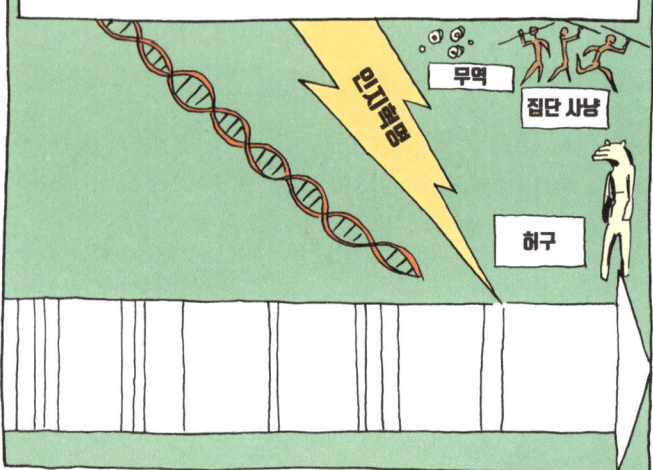

역사는 인지혁명으로 시작됩니다. 이때부터는 호모 사피엔스의 발전사를 설명하는 가장 중요한 수단이 생물학 이론이 아니라 역사 이야기가 된답니다.

호모 사피엔스와 인간의 문화가 갑자기 생물학 법칙에서 면제되었다는 말은 아닙니다. 우리는 여전히 동물이고 우리의 몸, 감정, 인지 능력들은 여전히 DNA의 지시를 받아 형성됩니다.

하지만 기독교나 프랑스혁명의 출현을 이해하는 데는 유전자, 호르몬, 생물이 어떻게 상호작용하는지 아는 것만으로는 부족합니다. 개념, 이미지, 판타지의 상호작용도 고려해야 하죠.

섹스, 거짓말,
그리고 동굴벽화

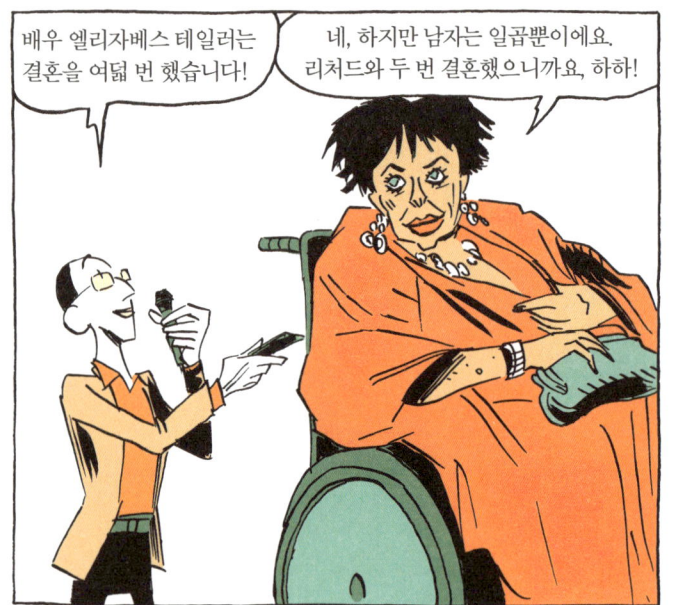

형제 / 아버지 / 아이 / 이모 / 계부 / 계모 / 자매 / 할아버지 / 삼촌 / 할머니 / 어머니

어떤 아이들은 한부모 가정에서 자라고 조부모의 손에 크기도 합니다. 입양되는 아이들도 있죠. 또 아버지만 둘이거나 어머니만 둘인 아이들도 있습니다.

때때로 부모가 헤어져 새로운 짝을 만나기도 하는데, 이 경우 아이는 부모뿐 아니라 계부와 계모도 생기겠죠.

어떤 가정에서는 이모, 삼촌, 사촌, 조부모가 모두 함께 살기도 합니다. 따라서 동생 대신 사촌과 한방을 쓰기도 하고, 부모 대신 삼촌이나 할머니가 매일 아침을 차려 주기도 합니다.

수많은 선택지가 있습니다!

그렇지만 자연스러운 건 오직 하나죠! 나머지는 모두… 자연스럽지 않아요!

자연스럽지 않다고요? 우리 영장류 사촌들이 자연스러운 가족에 대해 뭔가 가르쳐 줄 수 있을지도 모르겠군요.

긴팔원숭이는 보통 암수 한 쌍으로 살아요. 암컷과 수컷이 짝을 맺으면 수년 동안 함께 사는 경향이 있죠. 숲속의 자기들 영역에서 단독 생활을 하면서 자기 새끼를 돌봐요.

거봐요, 그게 자연스럽죠!

잠깐만요, 고릴라는 보통 수컷 한 마리가 여러 마리의 암컷과 그 사이에서 태어난 새끼들을 거느리고 삽니다. 새끼 고릴라들은 저마다 어머니는 달라도 아버지는 같죠.

오랑우탄은 고독을 좋아해요. 혼자 평화롭게 앉아 있는 걸 즐기죠, 그저 석양을 보면서요. 오랑우탄 어미들은 거의 싱글맘이라서 새끼들을 아비 없이 홀로 키워요. 새끼들은 어른이 되면 어미를 떠나 독립합니다. 이게 오랑우탄이 좋아하는 방식이죠.

침팬지는 오랑우탄과 정반대예요. 많은 수컷과 많은 암컷이 시끌벅적한 공동체를 이루고 살죠. 부부관계는 지속되지 않습니다. 새끼는 부모 가까이에 머물지만, 대개 아비가 누군지도 모릅니다. 아마 '아버지'라는 말은 그들에게 큰 의미가 없을 거예요.

우리가 보통 '침팬지'라고 부르는 유형의 침팬지는 수컷들끼리 함께 어울려 다니고 가장 강한 수컷이 집단의 우두머리가 됩니다.

하지만 또 다른 종류의 침팬지인 보노보의 경우, 암컷들끼리 매우 친밀한 우정을 나누죠. 섹스도 포함해서요! 그들은 서로 도와 새끼들을 기르고, 결정은 수컷이 아니라 암컷이 내려요. 보노보 소녀들은 왕자님과 결혼하기를 꿈꾸지 않습니다. 대부분 동성 친구들과의 멋진 우정을 더 좋아할 거예요.

인류학자들은 현대 문화들 가운데 실제로 집단 부권이 행사되는 사회를 보았습니다.

바리족이 한 예로, 그들은 아이가 한 남성의 정자에서 태어나는 게 아니라, 한 여성의 자궁에 여러 남성의 정자가 축적되어 태어난다고 믿어요.

그래서 좋은 어머니는 여러 남성과 섹스하려고 합니다. 특히 임신했을 때는요. 그렇게 해서 자식이 유능한 사냥꾼뿐만 아니라 최고의 이야기꾼, 가장 용감한 전사, 그리고 가장 사려 깊은 연인의 자질을 물려받고, 또 그들로부터 아버지의 보살핌을 받을 수 있도록 말이죠.

별 미친 소리를 다 듣는군! 갑시다, 이 과학자들이 우리를 바보 취급하고 있어!

화나시게 해서 정말 죄송합니다. 하지만 현대에 발생학이 발전하기 전에는 아기가 한 아버지의 정자로 생긴다는 사실을 알 수 없었다는 점을 간과하면 안 됩니다.

고대 수렵채집인 부족에 있다고 상상해 보세요. 모든 아이에게 셋이 아니라 한 아버지만 있다는 것을 어떻게 증명할 수 있을까요?

흠….

가톨릭 신자들은 아버지가 세 가지 정체성을 가지고 있다고 믿습니다.

만일 초기 인류가 정말로 침팬지처럼 대가족 공동체를 이루고 살았다면, 많은 의문이 풀릴 거예요.

예컨대 현대 결혼생활에서 외도가 빈번하고 이혼율이 높은 이유를 설명할 수 있겠죠.

핵가족과 일부일처제가 모두에게 그렇게 쉽지만은 않은 이유가 거기 있을지도 모릅니다.

맞습니다. 첫째로, 현존하는 모든 수렵채집인 사회는 이웃하는 농업사회와 산업사회의 영향을 받았기 때문입니다.

둘째로, 아직 남아 있는 수렵채집인 사회는 기후조건이 나쁜 지역이라든지, 거주하기 힘들고 농업에 적합하지 않은 지형에 있습니다.

예를 들어, 우리는 호주 원주민이 사막에 살았다고 생각하기 쉬운데, 유럽인이 처음 도착했을 때 대부분의 원주민은 지금의 시드니와 멜버른 주변의 비옥한 땅에 살고 있었습니다.

남아프리카의 칼라하리 사막처럼 극단적인 환경 조건에 적응된 사회를 보고, 더 비옥한 지역에 있던 석기시대 사회도 그랬을 거라고 상상하면 큰 오산입니다.

우선, 현재 칼라하리 사막 같은 곳의 인구밀도는 석기시대 양쯔강 계곡보다 훨씬 낮습니다. 이 점은 인간 집단의 크기와 구조, 집단들끼리 어떻게 교류했는가와 같은 중요한 문제들에 광범위하게 영향을 끼치죠.

그런데 더 중요한 점이 있어요. 수렵채집인 사회의 가장 명백한 특징은 매우 다양하다는 겁니다! 우리는 하나의 수렵채집인 사회를 보고 모두를 안다고 생각하곤 하죠… 하지만 수렵채집인 사회들은 서로 엄청나게 다릅니다. 지역마다 다를 뿐 아니라 같은 지역 내에서조차 달라요!

호주에 온 최초의 유럽인들이 발견한 원주민 부족의 놀라운 다양성이 좋은 예입니다. 영국이 정복하기 직전에 그 대륙에는 30만~70만 명의 수렵채집인이 200~600개의 부족에 살고 있었죠. 그리고 각각의 부족은 더 작은 무리로 나뉘어 있었습니다.

부족마다 고유의 언어·규범·관습이 있었고, 그것은 아마 이웃 부족의 그것과 매우 달랐을 겁니다. 지금의 호주 남부 애들레이드 지역에는 우리가 '부계 씨족'이라고 부르는 집단들이 있었어요. 아버지 쪽 혈통으로 계승된다는 뜻이죠. 이들은 엄격하게 영토를 기반으로 연합해 부족을 이뤘습니다.

한편, 호주 북부의 몇몇 부족은 모계 혈통을 더 중시했고, 사람들의 부족 정체성은 영토보다는 토템으로 결정되었죠.

고대 수렵채집인들도 민족과 문화의 다양성이 똑같이 상당한 수준이었다고 보는 게 합리적입니다. 농업혁명 전 지구상에 살았던 500만~800만 수렵채집인들은 수천 개의 언어와 문화를 지닌 수천 개의 부족으로 나뉘어 있었습니다.

그건 틀림없이 인지혁명의 중요한 유산 중 하나겠죠, 유발 교수님?

그렇죠! 허구를 꾸며 내는 능력 덕분에 비슷한 생태 조건에 사는, 유전적으로 똑같은 집단들조차 서로 다른 가공의 현실을 창조할 수 있었고, 그에 따라 서로 다른 규범과 가치를 세울 수 있었습니다.

예컨대 3만 년 전 지금의 옥스퍼드대학이 있는 장소에 살았던 수렵채집인 무리와 케임브리지대학이 있는 장소에 살았던 무리가 같은 언어를 사용하지 않았다고 볼 충분한 근거가 있습니다.

농업혁명 이전의 수렵채집인들에 대해 우리가 실제로 알고 있는 건 무엇일까?

7만 년 전과 1만 2,000년 전 사이의 비옥한 계곡.

물론 부족들은 서로 무척이나 달랐다. 그렇다면 어떤 일반화가 가능할까?

이웃 무리들 간의 관계가 매우 긴밀한 경우 그 무리들끼리 공동의 언어, 신화, 규범, 가치를 지닌 단일 부족을 구성하기도 했다. 이렇게 형성된 부족은 구성원이 수천 명에 이르렀을지도 모른다.

그러나 이런 외부 관계의 중요성을 과대평가하지 않도록 주의해야 한다. 부족 전체가 함께 모일 일은 연례 축제 같은 행사를 제외하고는 거의 없었다. 1년의 대부분은 무리별로 완전하게 고립되고 완벽하게 독립적인 생활을 했다.

부족은 영구적인 정치 공동체가 아니었다. 계절마다 만나는 장소가 있었을지 모르지만, 영구적인 도시나 기관은 없었다.

보통 사람들은 다른 무리의 사람을 만나거나 소식을 듣지 못한 채 몇 달을 지냈고, 일생 만나는 사람은 고작 몇천 명이었을 것이다.

이런 사피엔스 무리들은 광대한 영토에 흩어져 살았다. 농업혁명 이전에는 지구 전체 인구가 현재 도쿄나 카이로 같은 대도시 인구보다 적었다.

영역을 벗어나는 일은 이따금 새로운 영토를 탐험할 때뿐이었다. 탐험에 나서는 동기는 자연재해…

무력 충돌…

또는 카리스마 있는 지도자의 결단이었다.

이런 탐험은 인간을 전 세계로 퍼져 나가게 만든 원동력이었다. 만일 한 수렵채집인 무리가 40년마다 둘로 쪼개져, 분리된 집단이 동쪽으로 100킬로미터 떨어진 새 영토로 이주한다면, 동아프리카에서 중국까지 퍼져 나가는 데 약 1만 년이 걸렸을 것이다.

그들이 식량을 어떻게 얻었든, 모든 사피엔스에게 필요한 가장 중요한 한 가지는 지식이었다.

지리에 대한 지식: 영토에 대한 정보가 필요했다.

동물에 대한 지식: 사냥을 하기 위해서는 동물들의 습성을 잘 알아야 했다.

식물에 대한 지식: 식량을 찾기 위해서는, 어디로 가면 식물을 찾을 수 있는지는 물론, 어떤 식물이 영양가가 있는지, 어떤 식물이 독이 되고 약이 되는지도 알아야 했다.

날씨에 대한 지식: 계절의 순환을 알아 둬야 했고, 뇌우나 가뭄의 조짐을 어떻게 알아채는지도 배워야 했다.

그들은 거주지 근처에 있는 모든 개울, 호두나무, 곰 동굴, 부싯돌 매장층을 일일이 조사했다.

각 개인은 돌칼 만드는 방법, 찢어진 외투 기우는 방법, 토끼 덫 놓는 방법, 눈사태나 뱀에 물린 상처 또는 굶주린 사자에 대처하는 방법을 알아야 했다. 이런 기술들을 숙달하려면 저마다 수년간의 견습과 실습이 필요했다.

아체족의 전통과 생활 방식은 당시 많은 인류학자를 불편하게 했다. 그들의 관습 중에는 매력적인 것도 있었지만, 대단히 충격적인 것도 있었다.

예컨대… 집단에 소중한 구성원이 죽으면 어린 소녀를 죽여서 함께 매장하는 것이 아체족의 관습이었다.

여러분은 아체족이 잔인한 범죄자라고 생각할지도 모릅니다. 하지만 성급한 판단은 금물입니다. 이 다큐멘터리는 아체족의 긍정적인 면도 보여 줍니다. 그들은 대체로 서로에게 친절했고, 항상 미소 지으며 웃는 모습이었어요.

아체족과 몇 년 동안 함께 생활한 인류학자들은 성인들 사이의 폭력은 매우 드물었다고 말합니다. 남녀는 원하면 자유롭게 파트너를 바꿀 수 있었죠.

그들은 계급이나 지도자가 없었으며, 지배하려 드는 사람을 피했습니다. 가진 건 별로 없지만 인심이 후했고, 성공이나 부에는 전혀 관심이 없었어요.

그들은 아이와 병자, 노인을 죽이는 행위를, 요즘 사람들이 낙태와 안락사를 보는 것과 같은 관점으로 보았습니다.

아체족이 파라과이 농부들에게 무자비하게 죽임을 당했다는 사실을 놓쳐서는 안 됩니다. 그들은 자신들을 해치는 자들로부터 필사적으로 도망쳐야 했죠. 이런 배경을 알면, 그들이 무리에 짐이 되는 사람을 왜 그토록 가차 없이 처리했는지 알 수 있습니다.

인생에서 가장 귀중한 건 만족스러운 사회적 교류와 양질의 우정이었죠.

사실 모든 인간 사회와 마찬가지로 아체족 사회도 매우 복잡했습니다. 우리는 피상적인 지식을 바탕으로 성급하게 그들을 악마화하거나 이상화해서는 안 됩니다. 그들은 천사도 악마도 아닌, 그냥 사람이었습니다.

석기시대 수렵채집인도 마찬가지였습니다!

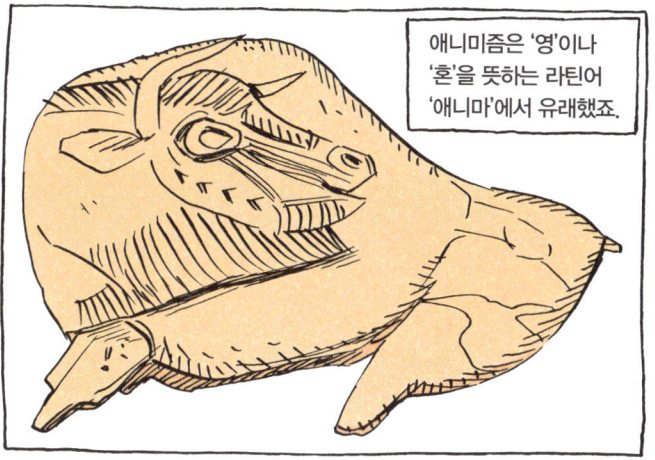

'유신론자'라는 일반 명칭이 매우 폭넓기 때문입니다. 각 집단은 다른 집단들의 믿음과 관행이 괴상하고 이단적이라고 생각했어요. 아마 수렵채집 사회의 '애니미즘' 집단들도 그만큼 차이가 컸을 겁니다. 수렵채집인들도 소란스러운 종교적 경험을 했을 거예요. 논쟁과 개혁과 혁명으로 술렁였을지도 모르죠.

중국 관료 (1세기) / 로마군단의 병사 (2세기) / 바이킹 전사 (10세기) / 이란 수피교도 (12세기) / 아즈텍 사제 (15세기) / 마녀를 화형시킨 청교도, 매사추세츠(17세기) / 유대교 랍비, 폴란드 (18세기)

이런 조심스러운 일반화가 우리가 할 수 있는 최선입니다.

증거가 부족해요. 석기시대 신앙을 구체적으로 묘사하려는 시도는 다 증거로 뒷받침되지 않는 추측으로 끝날 수밖에 없죠.

우리가 가진 증거인 몇 안 되는 인공물과 동굴벽화는 온갖 종류의 해석이 가능합니다. 예를 들면… 세상에나, 라스코 동굴벽화네! 정말 멋지지 않습니까?

하하! 그래서 학자들이 고대 수렵채집인의 신앙에 대해 뭔가를 안다고 주장할 때, 그건 석기시대 종교보다는 학자 자신의 선입관을 더 많이 드러내기 마련이죠!

그렇고말고요. 고분 유적, 동굴벽화, 뼈 조각상의 의미를 부풀려서는 안 돼요. 수렵채집인 조상들의 종교에 대해 우리는 막연하게 짐작만 할 수 있을 뿐임을 솔직하게 인정하는 편이 훨씬 낫습니다!

우린 그들이 정령을 믿었다고 추정할 뿐, 어떤 종류의 정령에게 기도하고 어떤 축제를 했는지, 어떤 금기를 지켰는지는 모릅니다.

그들이 뭘 말하려고 했는지도 모르는 걸요.

예컨대 이 벽화는 무얼 뜻할까요?

이건 인류 역사에 대한 우리의 이해에 뚫린 가장 큰 구멍 중 하나죠.

어떤 사람들은 이 그림이 새 머리를 한 남성과 발기한 음경을 표현했고, 저 남성은 들소에게 죽임을 당했다고 말해요. 아래쪽 새는 죽는 순간 그의 몸에서 빠져나온 영혼을 표현한 건지도 모르죠.

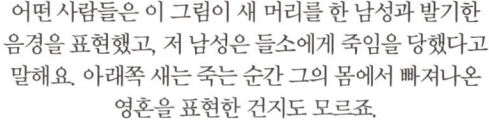

그게 사실이라면, 이 벽화가 표현하는 건 사냥 중에 일어난 사고가 아니라, 현세에서 내세로 가는 영혼입니다. 하지만 이 추측이 타당한지 알 방법이 전혀 없죠!

이 외에도 이 벽화에 대해 많은 가설이 있는데, 하나같이 그럴듯합니다.

잉크얼룩검사라는 심리검사와 비슷합니다. 벽화를 그린 사람의 신앙보다는 현대 연구자의 사고방식을 더 많이 드러내니까요.

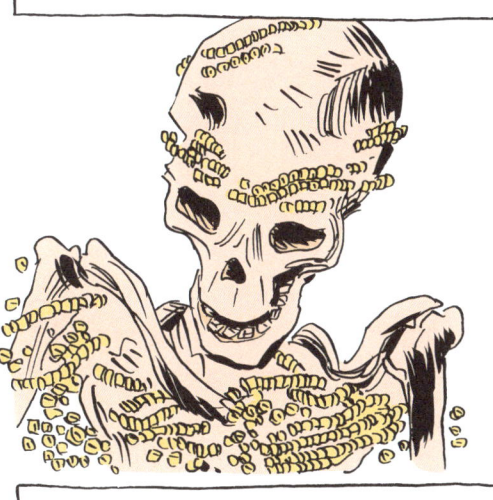

그런데 훨씬 흥미로운 무덤이 발견되었어요. 머리를 맞댄 두 어린 소년이 매장된 무덤이었죠. 한 명은 12~13세, 또 한 명은 9~10세쯤이었어요.

큰 소년은 5,000개의 상아 구슬로 덮여 있었어요! 거기다 여우 이빨로 장식된 모자와, 무려 250개의 여우 이빨이 붙어 있는 허리띠로 장식되어 있었죠. 그 정도면 적어도 60마리의 여우가 필요했을 겁니다!

작은 소년은 5,250개의 상아 구슬로 덮여 있었어요. 그리고 두 소년의 뼈 주위에는 작은 조각품과 상아로 만든 물건들이 놓여 있었어요.

숙련된 장인이 상아 구슬 한 개를 만드는 데 대략 45분이 걸렸을 겁니다! 그러니까… 나머지 물건들은 고사하고 그 소년들을 장식한 구슬 1만 개를 만드는 데만도 7,500시간의 섬세한 작업이 필요했다는 뜻이죠.

3년이 넘게 걸렸을 텐데… 믿을 수가 없군요!

설마하니 이 숭기르 소년들이 그 어린 나이에 지도자였거나 매머드 사냥꾼이었을 리도 없고요.

맞습니다. 두 소년이 그렇게 호사스럽게 매장된 이유를 설명할 수 있는 건 문화적 신념뿐이죠.

마지막으로, 폭력과 전쟁이라는 골치 아픈 문제가 있어요.

어떤 전문가들은 고대 수렵채집인들이 매우 평화롭게 살았고…

전쟁과 폭력은 농업혁명 이후에야 시작되었다고 주장합니다.

다른 전문가들은 고대 수렵채집인 세계가 끔찍하게 잔인하고 폭력적이었다고 말합니다.

둘 다 공중에 떠 있는 누각처럼, 현실과 유리된 생각입니다. 뒷받침하는 증거라고는 빈약한 고고학 유해와 미심쩍은 인류학적 관찰뿐이니까요.

리우에서 요시다 교수가 잘 설명했듯이, 인류학적 증거는 매혹적이지만 의심스러운 게 사실입니다.

현대 수렵채집인들은 주로 북극과 칼라하리 사막처럼 고립되고 척박한 지역에 삽니다. 그런 곳들은 인구밀도가 매우 낮아서 타인과 싸울 기회가 별로 없죠.

게다가 대규모 무력 충돌을 방지하는 현대 국가의 규제를 받는 수렵채집인이 최근 몇 년 동안 늘어났어요.

독립된 사회 가운데 규모가 크고 비교적 인구밀도가 높은 수렵채집인 집단이 현대 학자들에게 관찰된 사례는 딱 두 경우였습니다.

19세기에 북아메리카 북서부에서 하나…

19세기에서 20세기 초에 호주 북부에서 하나.

두 경우 모두 빈번한 무력 충돌이 있었습니다. 하지만 두 사례만으로 얼마나 정확히 전체를 유추할 수 있을까요?

게다가 아메리카인디언과 호주 원주민은 유럽 침입자들의 영향과 압력을 받은 집단입니다. 그렇게 보면 그들의 폭력은 유럽 제국주의의 소산이었을지도 모르죠.

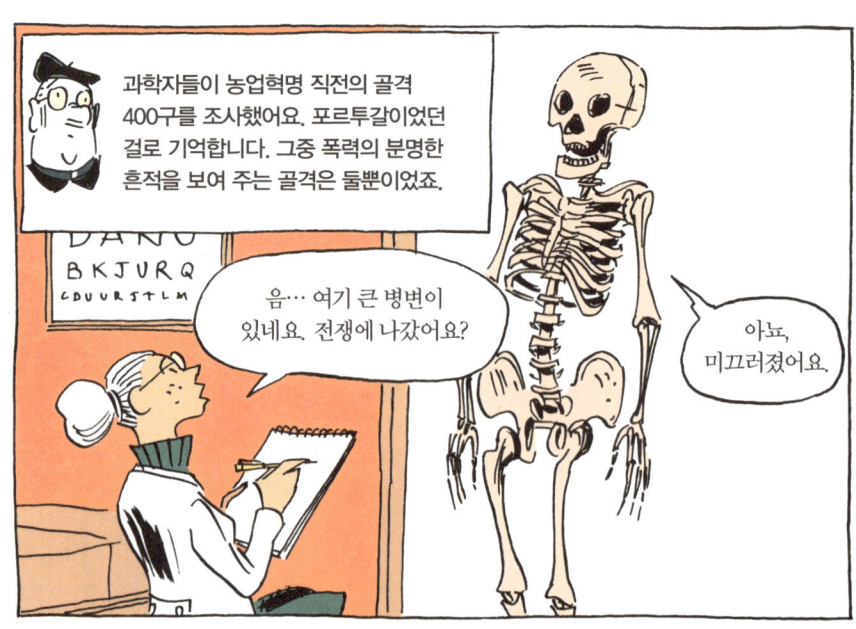

한편 20세기는 역사상 가장 잔인했던 두 차례 전쟁과 가장 큰 규모의 집단학살을 겪었는데도, 폭력에 의한 사망률이 5퍼센트였어요.

따라서 고대 켄터키는 20세기만큼 폭력적인 사회였을 가능성이 있죠!

수단의 자블 사하바 유적에서는 1만 2,000년 전 공동묘지에서 59구의 유골이 발견됐습니다.

그중에서 무려 40퍼센트에 해당하는 24구에 두개골 골절 또는 뼈에 박힌 돌촉 같은 폭력의 흔적이 있었어요.

유럽에서 전쟁의 분명한 증거를 보여 주는 가장 오래된 유적은 우크라이나 드네프르강 근처에 있는 1만 2,000년 전 공동묘지입니다. 거기 묻힌 19명 중 5명이 폭력적인 죽음을 맞은 것으로 보여요.

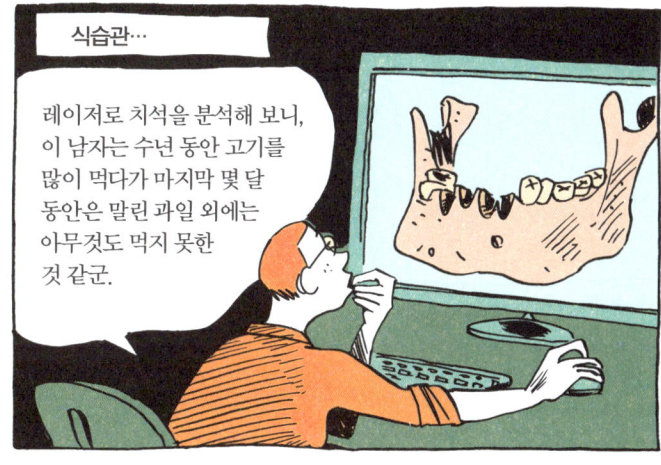
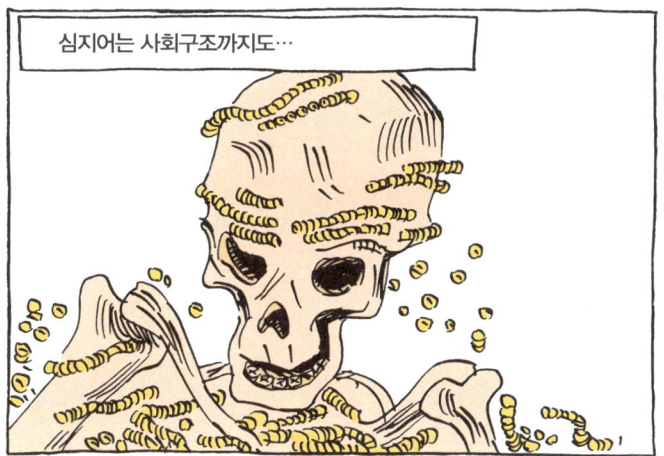

여행자들은 시베리아 툰드라…

호주 중부의 사막…

아마존 열대우림에 가서

사람의 발길이 닿지 않은 태고의 풍경을 보고 있다고 생각하죠. 하지만 그건 착각입니다.

우리보다 훨씬 먼저 수렵채집인들이 그곳에 있었고, 그들은 가장 울창한 정글과 가장 척박한 황무지에서도 극적인 변화를 일으켰습니다.

다음 장 예고!

동물계가 배출한 가장 치명적인 연쇄살해범은 누구였을까요?

다음 장에서 답을 찾아보세요. 4장에서는 고대 수렵채집인들이 어떻게, 최초의 농촌이 건설되기도 전에 지구 생태계를 완전히 재편했는지에 대해서도 설명합니다.

대륙 간 연쇄살해범

내륙으로 들어가면서 당신들은 희한한 생명체들이 살고 있는 완전 이상한 세계를 발견한 거야! 예컨대 키 2미터에 체중이 220킬로그램인 이 웅장한 캥거루처럼. 뭐 떠오르는 거 없나?

현대 호랑이 크기의 이 주머니사자도 있었지. 이 녀석은 당시 호주에서 가장 큰 포식자였어!

껴안고 싶을 만큼 귀엽다기에는 너무 큰 코알라도 있었고…

타조 두 배 크기의 날지 못하는 새도 있었어. 카페인을 들이부은 우사인 볼트처럼 전력질주할 수 있었지!

숲 바닥에는 용처럼 생긴 도마뱀과 길이가 5미터나 되는 뱀들이 어슬렁거렸어.

무게가 2.5톤에 이르는 웜뱃, 거대한 디프로토돈이 숲속을 누볐고.

아프리카와 아시아에서는 이 멋진 대형 동물들이 듣도 보도 못한 생물이었겠지만… 그거 알아? 호주에서는 그들이 왕이었다고!

쉬웠다는 말은 아닙니다! 호주로 가는 항해보다 힘들었을 거예요. 사피엔스는 시베리아 북부의 가혹한 기상 조건을 견뎌야 했죠. 겨울에는 해가 뜨지 않아서 기온이 영하 50도까지 떨어지기도 하니까요.

창문을 닫아도 될까요?

정말로 제 의뢰인들이 범인이라고 확신하십니까? 그들을 제대로 보셨습니까? 사피엔스는 시베리아가 아니라 더운 아프리카 사바나에 적합한 체질이었어요! 추운 기후에 적응된 네안데르탈인조차 시베리아 북부에서 잘 살지 못했습니다.

맞습니다. 그 의뢰인들의 몸은 아프리카 사바나에 적응되어 있었어요. 하지만 그들의 머리는 눈과 얼음의 땅에서 살아남기 위한 독창적인 해법을 발견했죠!

더 추운 기후로 이주했을 때, 그 수렵채집인 무리들은 눈신발을 만들어 신고, 바늘로 털과 가죽을 겹겹이 꿰매 방한복을 만들어 입었습니다.

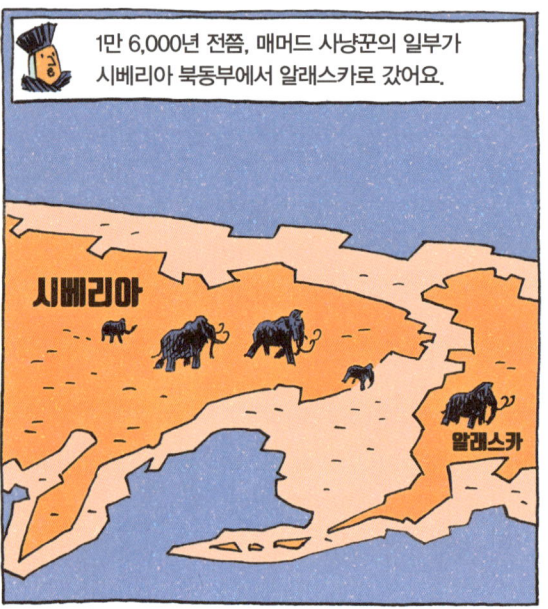

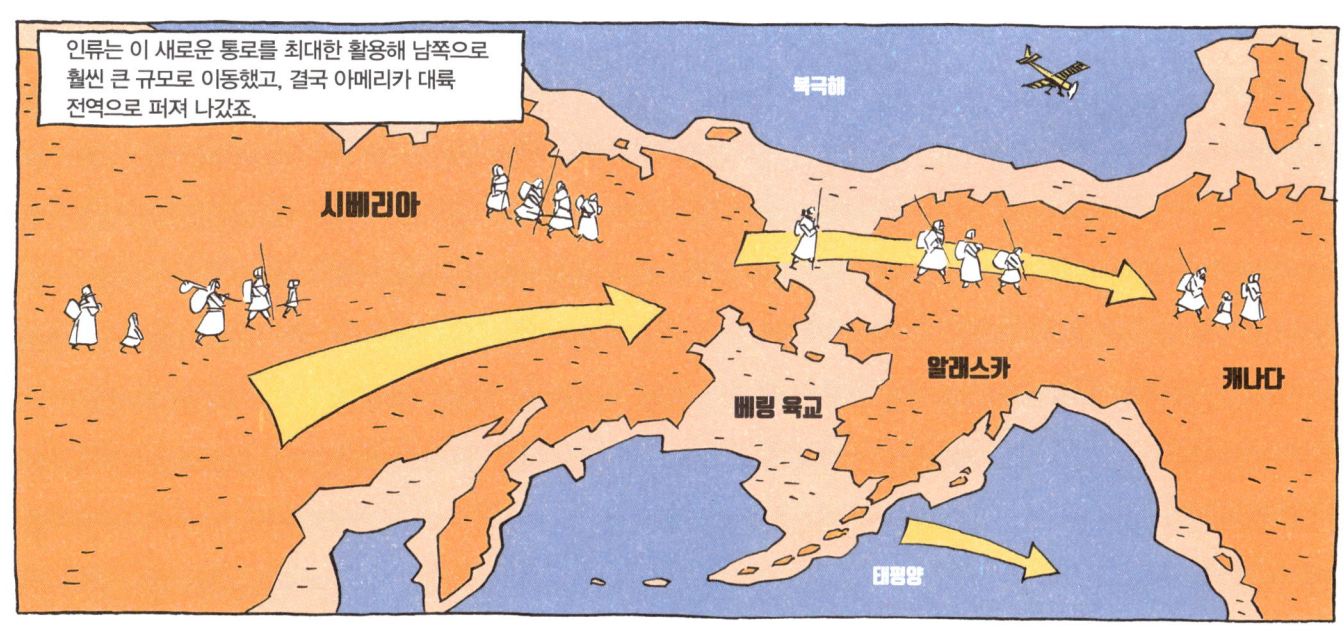

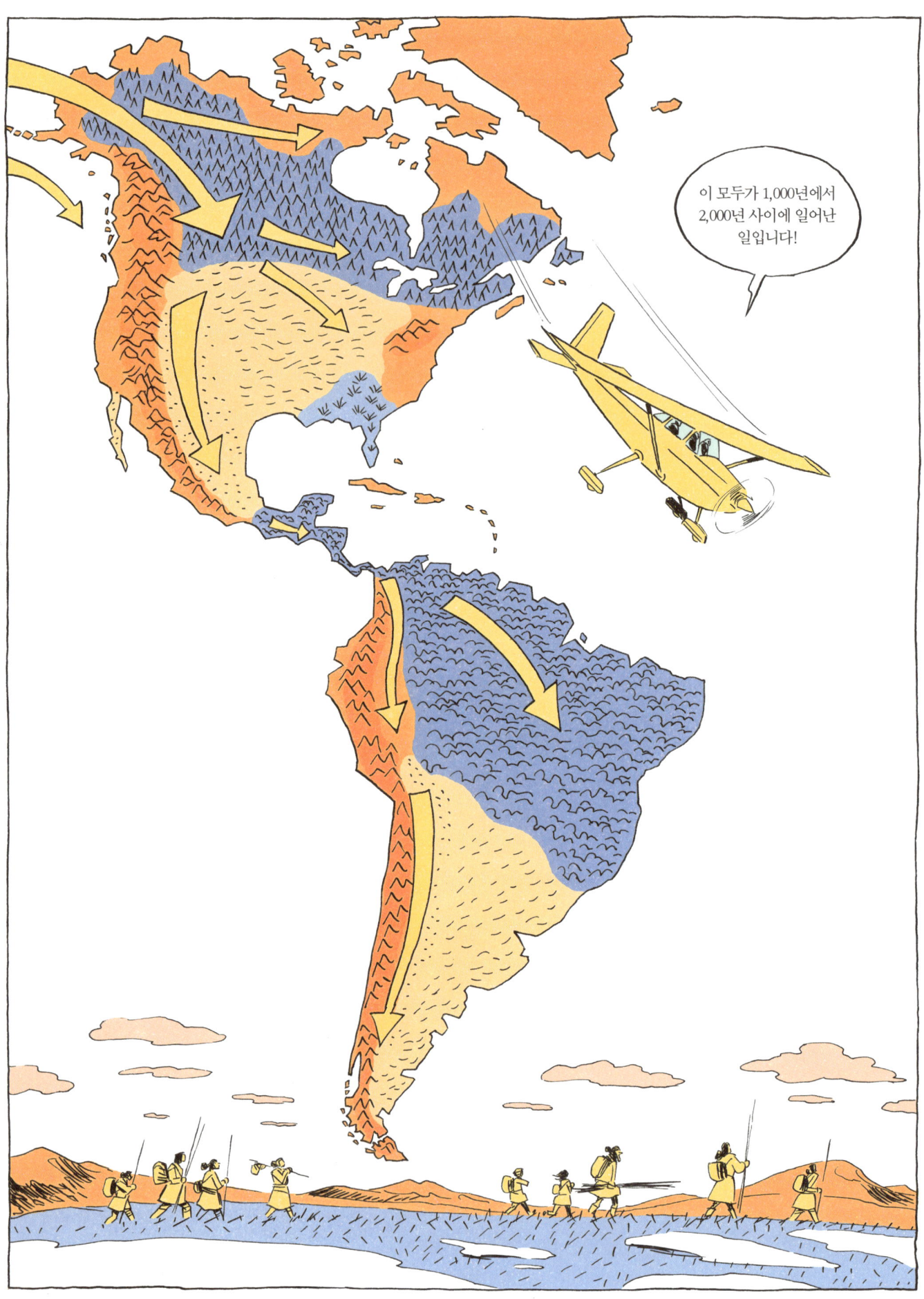

수십 년 동안 과학자들은 고대 낙타의 뼈와 대형 땅늘보의 화석화된 배설물을 찾기를 바라면서 아메리카의 평원과 산을 샅샅이 수색했어요.

찾는 것을 발견하면 그들은 그 보물들을 조심스럽게 포장해 실험실로 보냅니다. 실험실에서는 모든 뼈와 화석화된 배설물을 꼼꼼하게 조사해 연대를 밝히죠!

이 모든 분석의 결과는 한결같습니다. 낙타 뼈와 배설물 화석들의 최후 연대는 인류가 아메리카 대륙을 휩쓸었던 시점인 약 1만 4,000~1만 1,000년 전으로 밝혀지죠.

딱 한 군데, 카리브해 지역에서 더 최근 시점의 땅늘보 배설물 화석이 발견되었습니다. 쿠바와 히스파니올라에서 발견된 화석화된 땅늘보 배설물은 약 7,000년 전의 것이었어요.

바로 최초의 인류가 카리브해를 건너 두 섬에 정착한 시점이죠.

감사의 말

이분들이 없었다면 이 프로젝트는 불가능했을 것입니다.
그래픽노블을 만들어보자는 아이디어를 처음 낸 다비드 반데르묄렝과 다니엘 카사나브. 그들의 천재적인 창의성에 힘입어 우리 세 사람은 완전히 새로운 시각으로 인류 역사를 다시 이야기할 수 있었습니다. 그들이 없었다면 불가능했을 일입니다. 두 사람의 유머와 지성은 이 작업을 즐거운 경험으로 만들어주었습니다. 정말 재미있는 협업이었습니다.
프랑스어 원고를 편집하고, 두 언어로 진행되는 팀이 원활하게 협력할 수 있게 해준 마르탱 젤레르.
프랑스어 원고를 영어로 번역하며 문화적 간극을 메울 뿐 아니라 등장인물에 생명을 불어넣은 아드리아나 헌터.
그림에 색깔을 입히고 깊이를 더한 클레르 샹피옹.
세계적인 팬데믹 속에서도 이 협업을 성사시킨 알뱅 미셸 출판사의 안 미셸, 로랑 트리우, 오렐리 라포트르.
수년 동안 영감의 원천이었으며, 캐릭터로 등장하는 데 흔쾌히 동의해주신 로빈 던바 교수님.
끝없는 디테일의 바다에서 매혹적인 이야기가 모습을 드러내도록 지도와 헌신, 아이디어를 아끼지 않은 사피엔스십의 최고경영자와 최고 마케팅 책임자인 나아마 아비탈과 나아마 바르텐부르크, 그리고 이 이야기가 세계적으로 출간되도록 해준 다니엘 테일러.
텔아비브의 비좁은 아파트에서든 번쩍이는 새 사무실에서든, 봉쇄 조치로 재택근무를 할 때든 언제나 프로답게 맡은 일을 열정적으로 해낸 사피엔스십 팀의 나머지 멤버들—셰이 아벨, 미카엘 주르, 첸광위, 한나 모건, 니나 지비, 제이슨 패리, 갈리에트 고셀프, 에릭 마찬—과 리서치를 도와준 카티아 조토브스키.
인간의 다양성에 대한 값진 의견을 제공해주었으며 여러 함정으로부터 우리를 구해준 슬라바 그린버그.
언제나 나를 지지해주는 어머니 프누아 하라리.
비전과 신념, 큰 꿈을 품을 뿐 아니라 실현시키는 능력을 가진 나의 동반자이자 사피엔스십의 공동창립자인 이치크 야하브.
이 모든 분들에게 감사를 표합니다.

_유발 하라리

로빈 던바 교수님과 파리 국립자연사박물관의 앙투안 발주께 감사드립니다.

_다비드 반데르묄렝

내 사랑하는 친구 프랑크 부르저롱과 질 로시에게 고마움을 전하고 크리스티앙 르롤의 도움에 감사를 표합니다.

_다니엘 카사나브

노에, 카롤린, 프랑크의 귀중한 도움에 감사드립니다.

_클레르 샹피옹

다비드 반데르묄렝, 다니엘 카사나브, 그리고 편집자 마르탱 젤레르는 이 모험에 착수하는 것에 동의해준 유발 하라리와, 사피엔스십 팀의 무한한 지지와 열정에 감사를 표합니다.

호모 속의 종들에 관하여

호모 속의 종들을 규정하는 특징들 가운데 다수는 여전히 연구와 논쟁의 대상이다. 그렇다고 모든 것이 논쟁의 대상인 것은 아니다. 여러 인류 종들이 과거에 존재한 건 확실한 사실이다. 그들은 아프리카, 아시아, 유럽에 살았다. 그들 가운데 일부는 멸종하게 되었고, 일부는 이종교배하고 진화했다. 현재 호모 속의 종은 딱 하나, 우리 호모 사피엔스뿐이다. 전 세계의 모든 현대인은 호모 사피엔스다.

사피엔스: 그래픽 히스토리 Vol.1 인류의 탄생

1판 1쇄 발행 2020. 11. 23.
1판 27쇄 발행 2025. 9. 2.

원작·각색 유발 하라리
각색 다비드 반데르뮐렝 그림 다니엘 카사나브
옮긴이 김명주

발행인 박강휘
편집 박민수 디자인 이경희 마케팅 이헌영 홍보 이한솔
발행처 김영사
등록 1979년 5월 17일(제406-2003-036호)
주소 경기도 파주시 문발로 197(문발동) 우편번호 10881
전화 마케팅부 031)955-3100, 편집부 031)955-3200 | 팩스 031)955-3111

값은 뒤표지에 있습니다.
ISBN 978-89-349-9132-8 07900 | 978-89-349-9131-1(세트)

홈페이지 www.gimmyoung.com   블로그 blog.naver.com/gybook
인스타그램 instagram.com/gimmyoung 이메일 bestbook@gimmyoung.com

좋은 독자가 좋은 책을 만듭니다.
김영사는 독자 여러분의 의견에 항상 귀 기울이고 있습니다.